Qiche Zidong Biansuqi

汽车自动变速器

Jiaoxue Tuce

教学图册

汤定国　忻　芸　张昆晓　主编

上海鹏达计算机系统开发有限公司　绘图

内 容 提 要

本图册以丰田U341E自动变速器为例，详细介绍了目前主流自动变速器系统的主要结构组成、功用与原理方面的知识。利用二维和三维图形形象生动地展示了自动变速器的总体构造，换挡执行元件（离合器、制动器、单向离合器）的结构、组成和原理，行星齿轮机构的传动原理，电子控制系统各部件的结构组成、功用和工作原理等内容。本图册最后配有形式多样的练习题，学生可以通过练习题的训练巩固所学知识点，从而能更深入地了解并掌握自动变速器的原理和构造。

本图册可作为职业院校学生的学习参考书，也可供汽车维修人员、驾驶人学习汽车自动变速器技术时参考。

图书在版编目（CIP）数据

汽车自动变速器教学图册/汤定国等主编. —北京
：人民交通出版社，2010.8
ISBN 978-7-114-08534-5

Ⅰ.①汽… Ⅱ.①汤… Ⅲ.①汽车－自动变速装置－图集 Ⅳ.①U463.212-64

中国版本图书馆CIP数据核字（2010）第124156号

书　　名：汽车自动变速器教学图册
著 作 者：汤定国　忻　芸　张昆晓
责任编辑：翁志新　王金霞
设计制作：文思莱
出版发行：人民交通出版社
地　　址：(100011)北京市朝阳区安定门外外馆斜街3号
网　　址：http://www.ccpress.com.cn
销售电话：(010)59757969、59757973
总 经 销：人民交通出版社发行部
经　　销：各地新华书店
印　　刷：北京市凯鑫彩色印刷有限公司
开　　本：787×1092 1/16
印　　张：3.75
字　　数：90千
版　　次：2010年8月 第1版
印　　次：2010年8月 第1次印刷
书　　号：ISBN 978-7-114-08534-5
印　　数：0001-4000册
定　　价：16.00元

前　言

Foreword

随着汽修职业教育行业飞速蓬勃地发展，作为在汽车软件教学行业中有多年开发经验的企业，上海鹏达计算机系统开发有限公司整合了多年来在汽车教学软件开发过程中积累的丰富资源，配合专家的指导，出版了此《汽车自动变速器教学图册》。

本图册详细介绍了丰田U341E自动变速器的主要结构、功用与原理方面的知识。利用二维和三维图形生动地展示了自动变速器的总体构造，换挡执行元件的结构及原理，行星齿轮机构传动原理以及电控系统各部件的结构组成、功用、工作原理等方面的内容。

本图册以规律性、普遍性的知识为主，大量采用实物图片或三维模型图为背景，辅以简单明了的二维示意图方式，来阐述一些较复杂的结构、原理和检测方法，内容深入浅出，形象生动，通俗易懂。本图册由上海市交通学校具有多年实践和教学经验的汤定国、忻芸和李丕毅老师及广州市公用事业高级技工学校汽车运用与维修专业张昆晓教学主任编写，上海鹏达计算机系统开发有限公司参与制作。本图册内容新颖，适合于汽车专业院校以及汽车维修职业培训和汽车维修行业从业人员学习使用。

本图册的制作，得到了交通职业教育汽车运用与维修专业教学指导委员会的指导和帮助，在此一并表示诚挚的谢意。

由于编者的水平有限，加上时间仓促，图册中的谬误与不妥之处在所难免，敬请广大读者不吝赐教。

编　者

目　录

Contents

自动变速器的总体构造

液力变矩器

机械部分

液压控制部分

电子控制部分

1. 按前进挡位数分

可分为3挡、4挡、5挡、6挡、7挡、8挡等。

2. 按控制方式分

可分为液力控制和电力控制。

3. 按驱动方式分

可分为前驱式自动变速器（自动变速驱动桥）、后驱式自动变速器和四驱式自动变速器。

4. 按行星齿轮机构形式分

可分为辛普森、拉威挪、CR-CR型等。

本图册以丰田U341E自动变速器（4个前进挡、电控、自动变速驱动桥、CR-CR型）为例，作详细介绍。

自动变速器的组成

自动变速器主要由液力变矩器、机械部分（行星齿轮机构和换挡执行元件）、液压控制部分、电子控制部分等组成。其基本工作过程为：电子控制单元接受节气门位置传感器、车速传感器等信号后，作出判断，将控制指令发送到各电磁阀，电磁阀动作控制液压系统内的阀杆作出相应动作，输出液压油到换挡执行元件，各换挡执行元件的动作最终控制行星齿轮机构输出动力的大小和方向，起到变速作用。

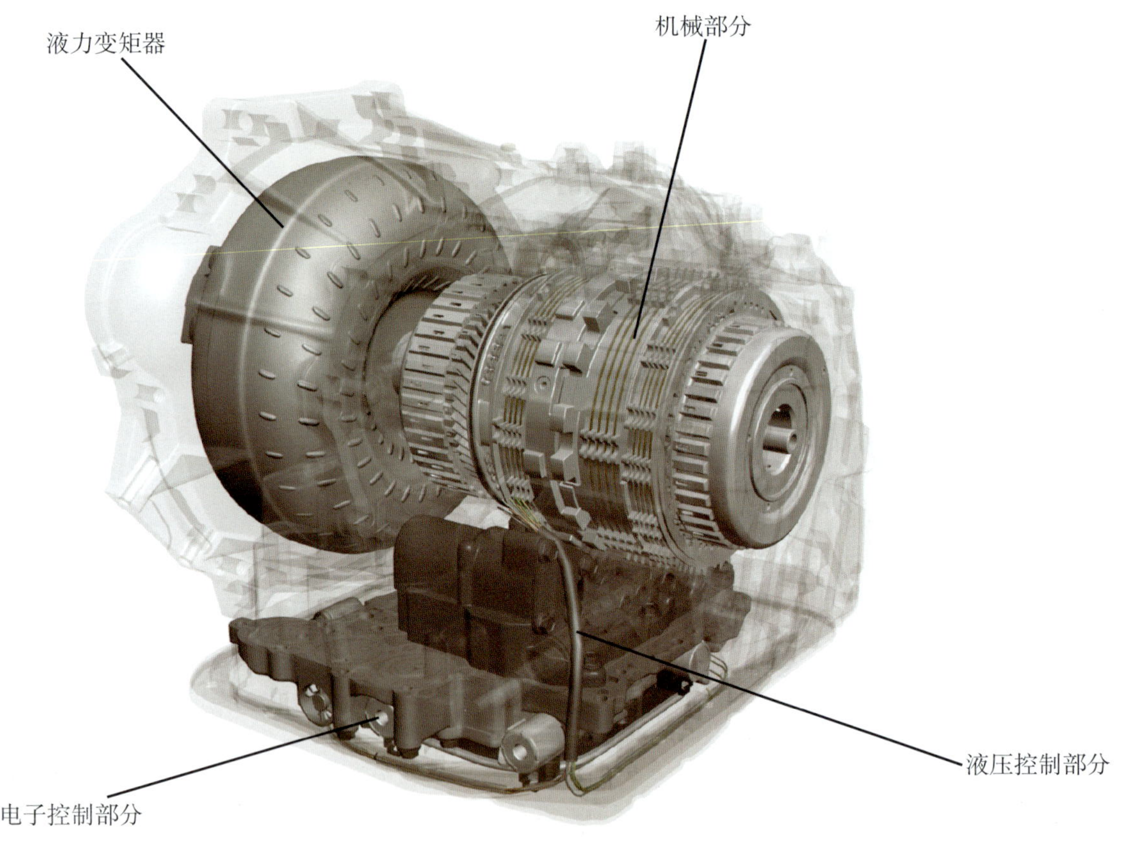

液力变矩器的功用是：根据不同的转速要求，通过液压传递动力，输出相应的转矩。

液力变矩器主要由泵轮、涡轮、导轮和锁止离合器等组成。

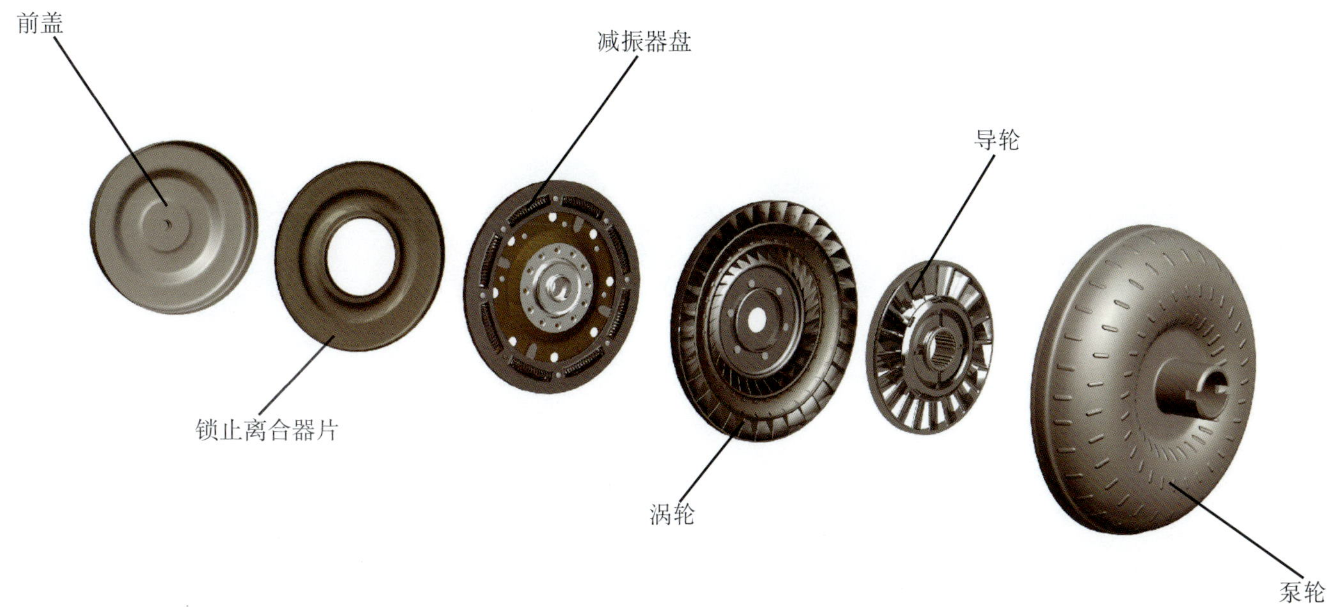

液力变矩器的工作原理

当泵轮和涡轮的速度相差很大时，泵轮旋转后产生的离心力将液压油从其叶片中央沿着叶片的方向向外甩，进入涡轮外部叶片，从而推动涡轮开始旋转，同时液流流入涡轮叶片中央并作用到导轮上，此时导轮被其内部的单向离合器锁止，液流经导轮叶片被反射回泵轮叶片的中央，进一步帮助泵轮运转，这就起到了增加转矩的作用。

当涡轮的速度达到泵轮速度的90%时，从涡轮叶片中央流入导轮的液流方向改变，作用到导轮叶片的背面，这一力解除了单向离合器对导轮的锁止，从而推动导轮旋转，这时增加转矩的作用消失。

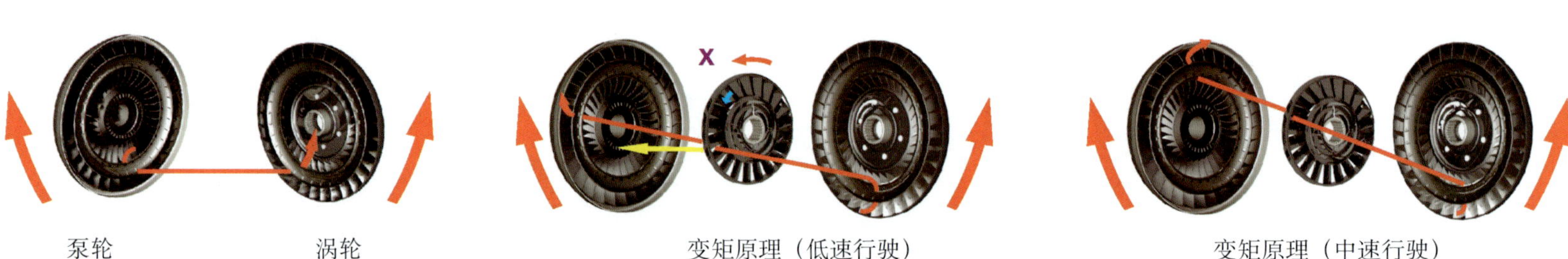

泵轮　　涡轮

变矩原理（低速行驶）

变矩原理（中速行驶）

自动变速器的机械部分功用是：根据换挡条件，改变输出传动比，以满足车辆的行驶需求。

机械部分主要由前进离合器、直接离合器、倒挡离合器、2挡制动器、OD&2挡制动器、1挡&倒挡制动器、No.1单向离合器、No.2单向离合器这8个换挡执行元件以及CR-CR双排行星齿轮机构组成。

自动变速器机械部分的工作原理是接受从液压控制系统过来的控制油压，通过换挡执行元件的动作，使行星齿轮机构根据车辆的不同要求输出相对应的传动比，以保证车辆正常行驶。

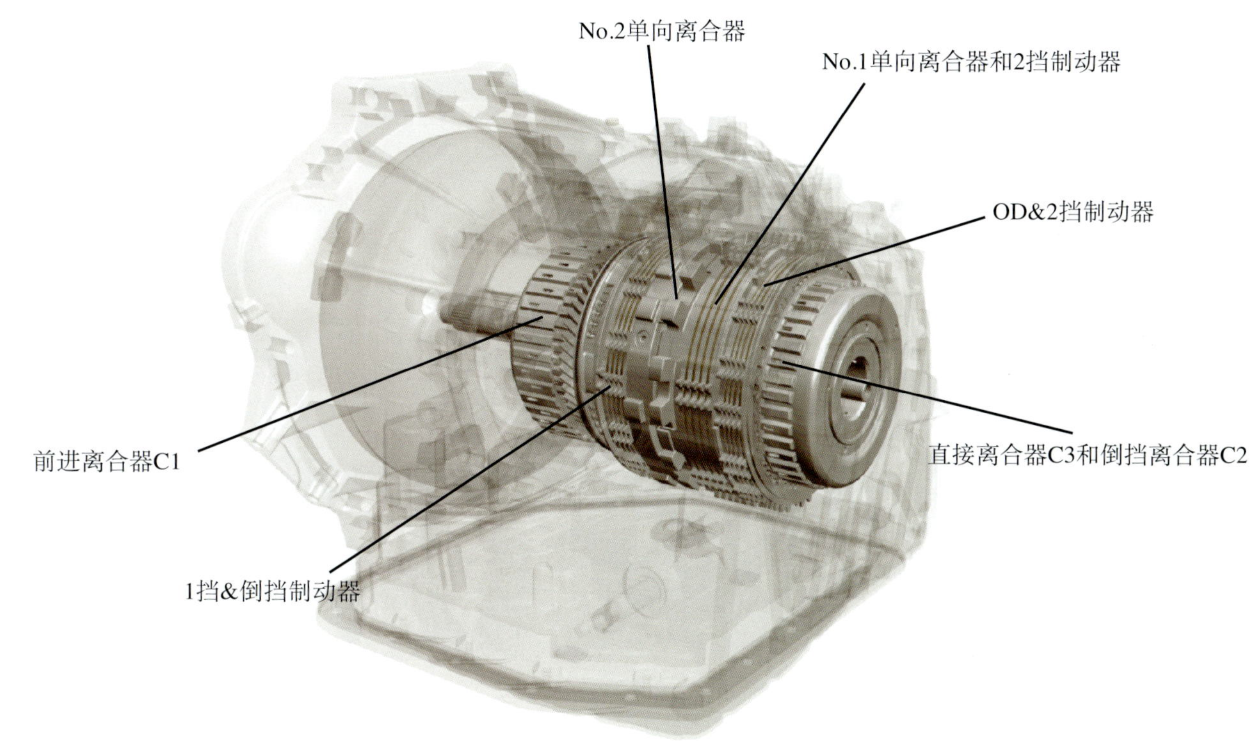

一、离合器

一）前进离合器C1

1. 结构组成

主要由摩擦片、钢片、平衡器、复位弹簧、活塞组成。

2. 功用

通过离合器接合将输入轴的动力传递给前太阳轮。

3. 连接关系

摩擦片与前进离合器毂连接。钢片与前进离合器鼓连接。钢片和摩擦片在活塞推动下紧压在一起，离合器即接合。动力便可传递给前太阳轮。

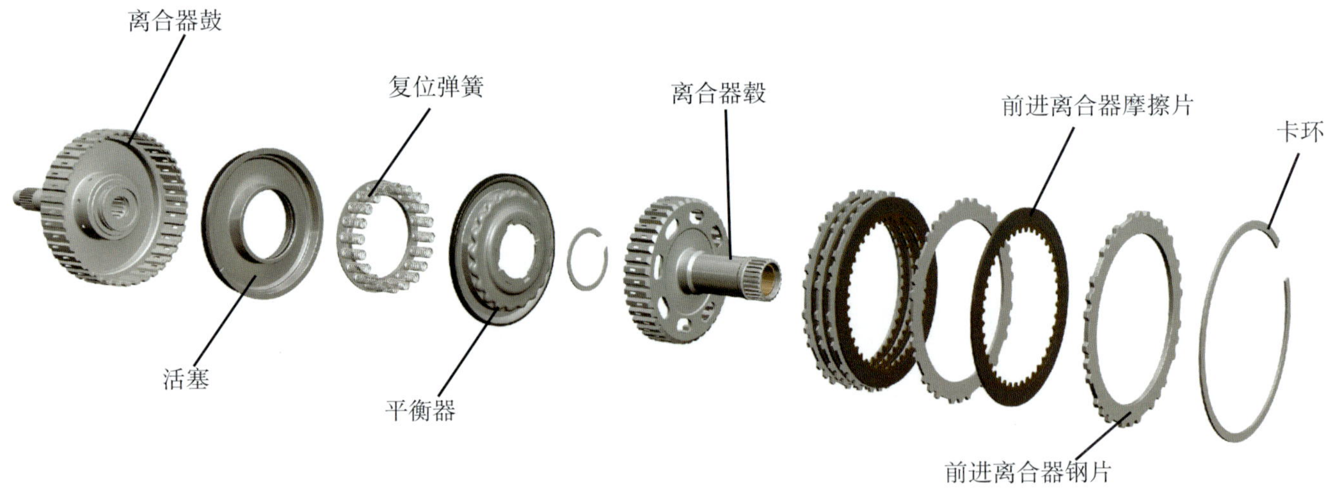

钢片与倒挡离合器鼓连接。

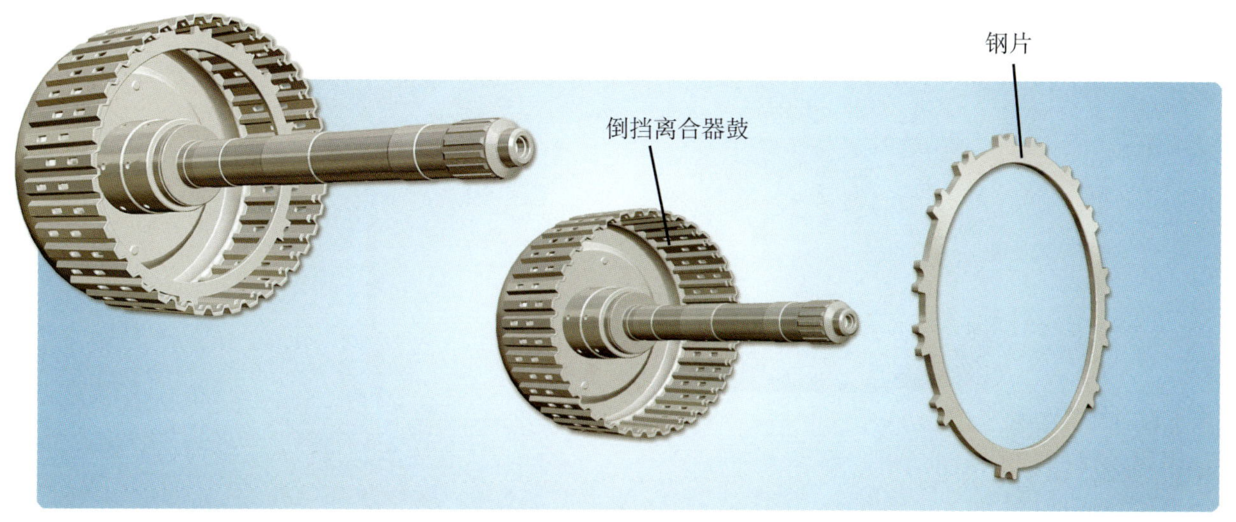

钢片和摩擦片在活塞推动下紧压在一起，离合器即接合。转矩便可传递给后太阳轮。

4. 工作原理

液压油经油道进入活塞下方，推动活塞上移，将钢片和摩擦片压紧。

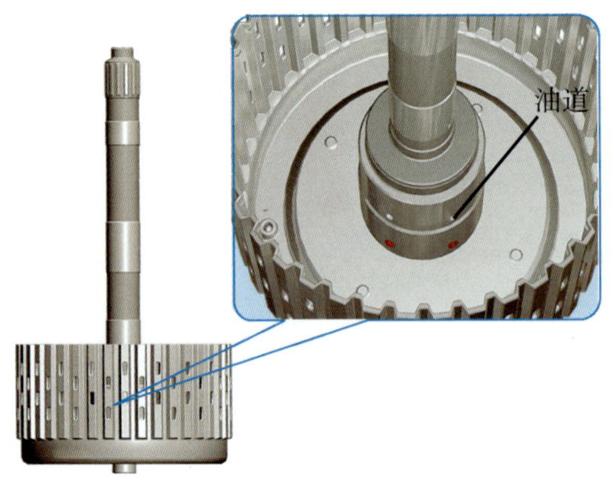

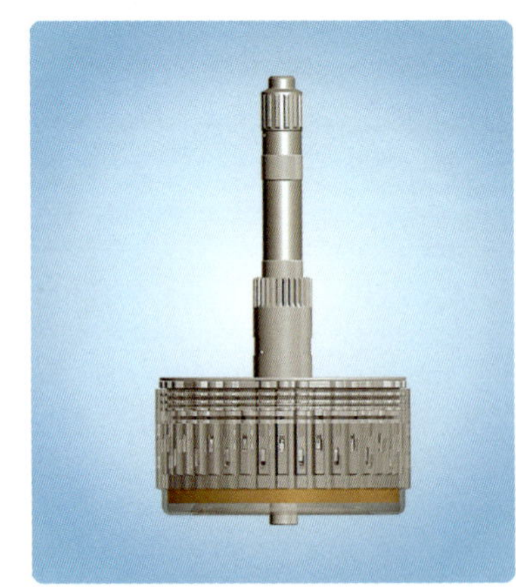

动力从中间轴传递给后太阳轮。

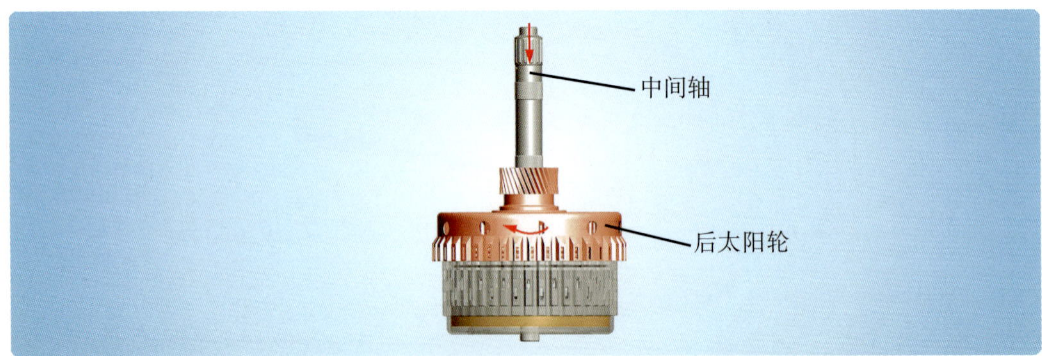

（二）直接离合器C3

1. 结构组成

主要由摩擦片、钢片、活塞、复位弹簧和卡环等组成。

2. 功用

通过离合器的接合将中间轴传过来的转矩传递给前圈后架。

3. 连接关系

摩擦片与直接离合器鼓连接。

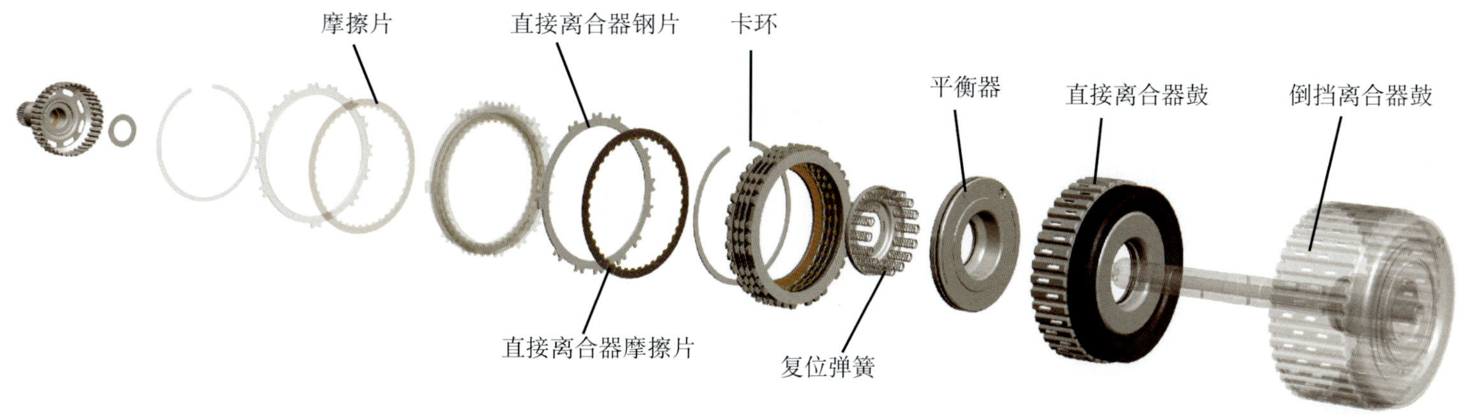

钢片与倒挡离合器鼓连接。

钢片和摩擦片在活塞推动下紧压在一起，离合器即接合。转矩便传递给前圈后架。

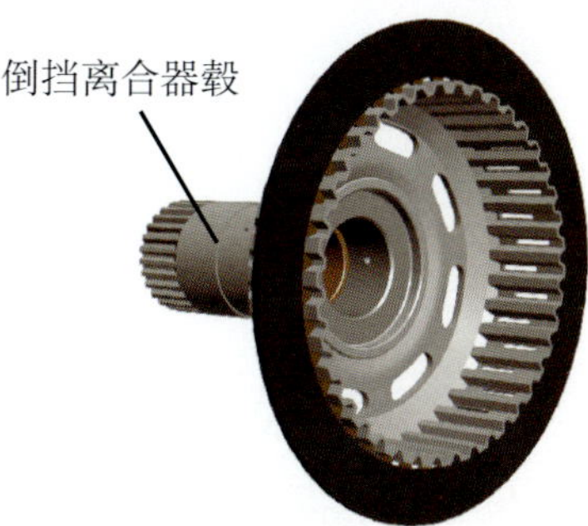

4. 工作原理

液压油经油道进入活塞下方，推动活塞上移，将钢片和摩擦片压紧。

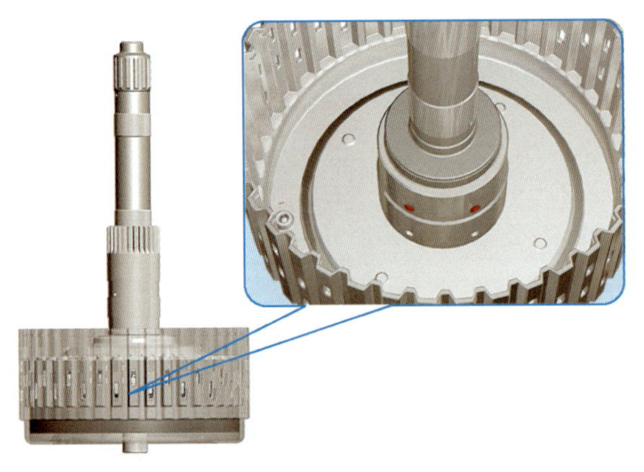

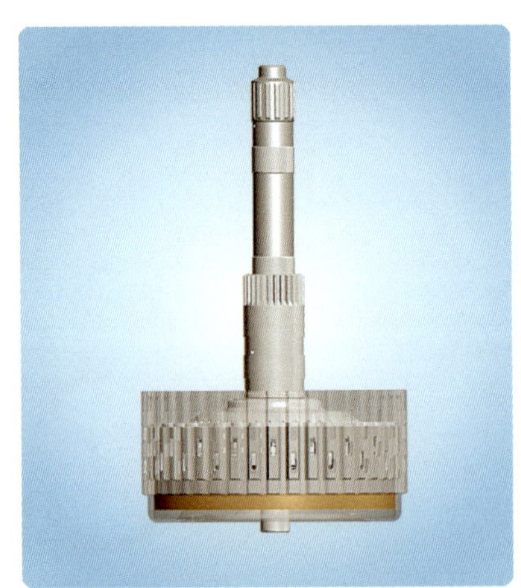

动力从中间轴传递给前圈后架。

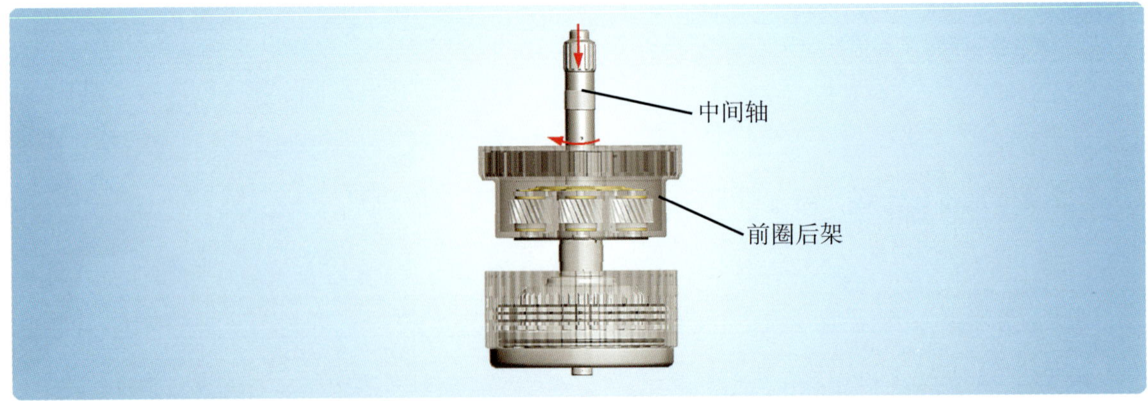

二、制动器

（一）OD& 2挡制动器：

1. 结构组成

主要由摩擦片、钢片、复位弹簧、卡环和活塞等组成。

2. 功用

通过制动器的接合将后太阳轮固定。

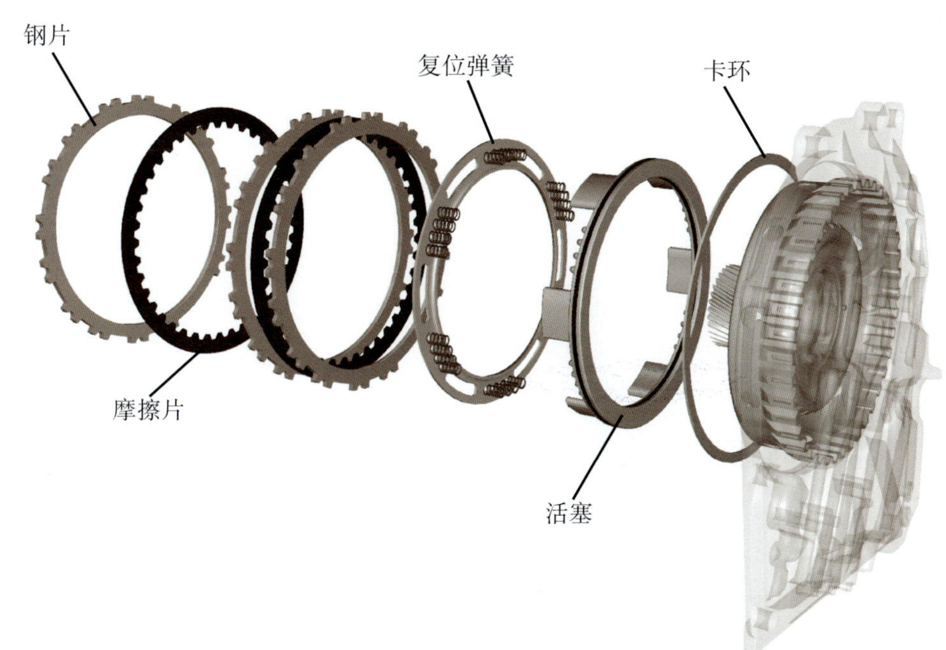

3. 连接关系

摩擦片与后太阳轮连接。

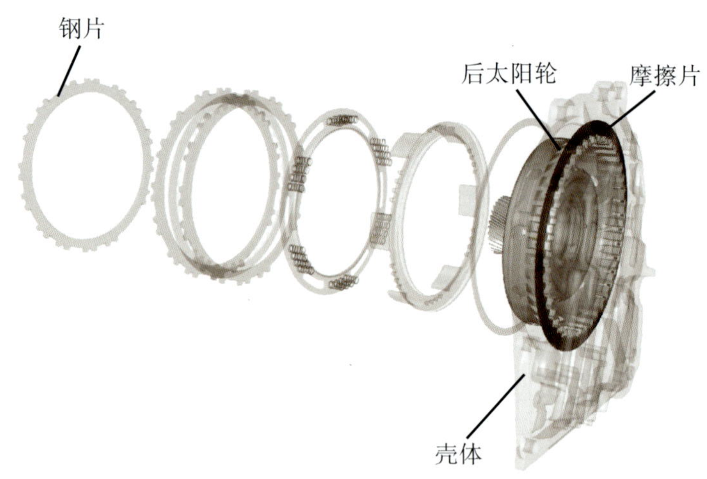

钢片与壳体连接。钢片和摩擦片在活塞推动下紧压在一起，制动器即接合。后太阳轮被固定。

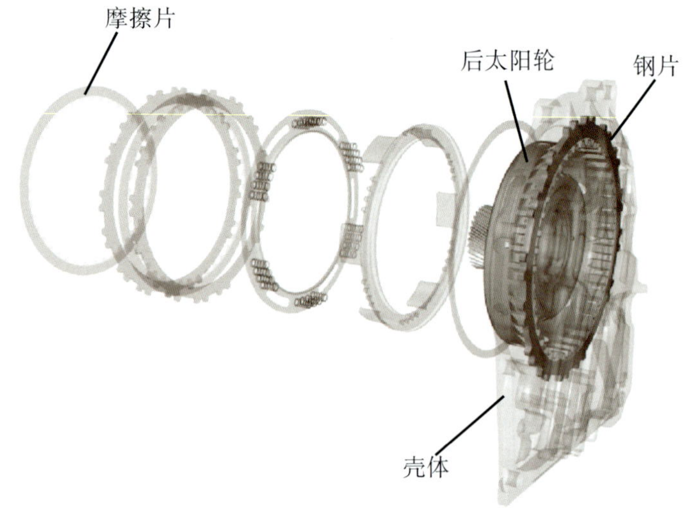

4. 工作原理

液压油经油道进入活塞下方，推动活塞上移，将钢片和摩擦片压紧。

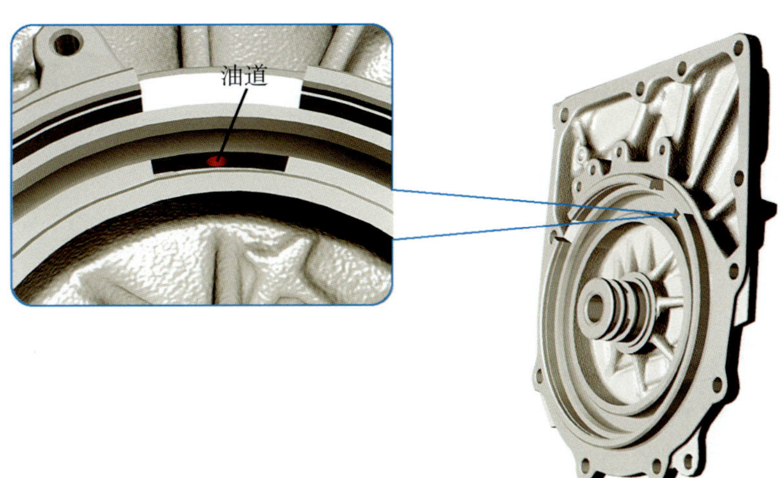

旋转的后太阳轮被固定。

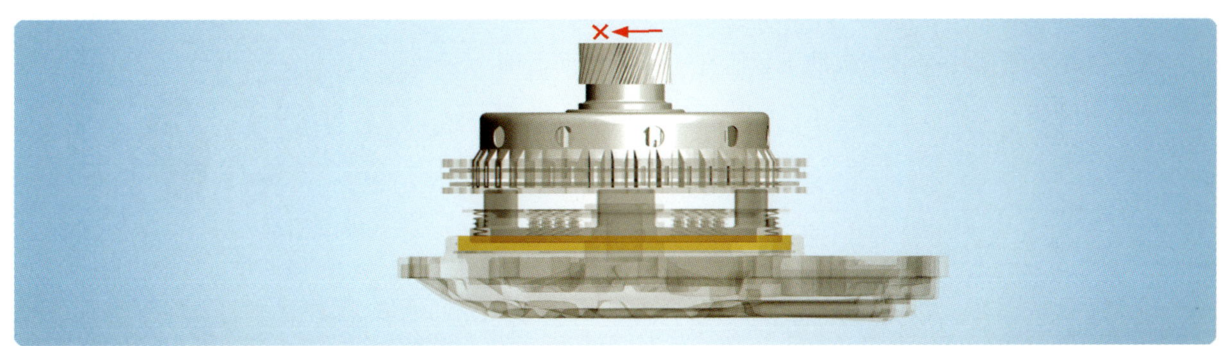

（二）2挡制动器

1. 结构组成

主要由摩擦片、钢片、复位弹簧、卡环和活塞等组成。

2. 功用

通过制动器的接合将No.1单向离合器的外圈固定。

3. 连接关系

摩擦片与No.1单向离合器的外圈连接。

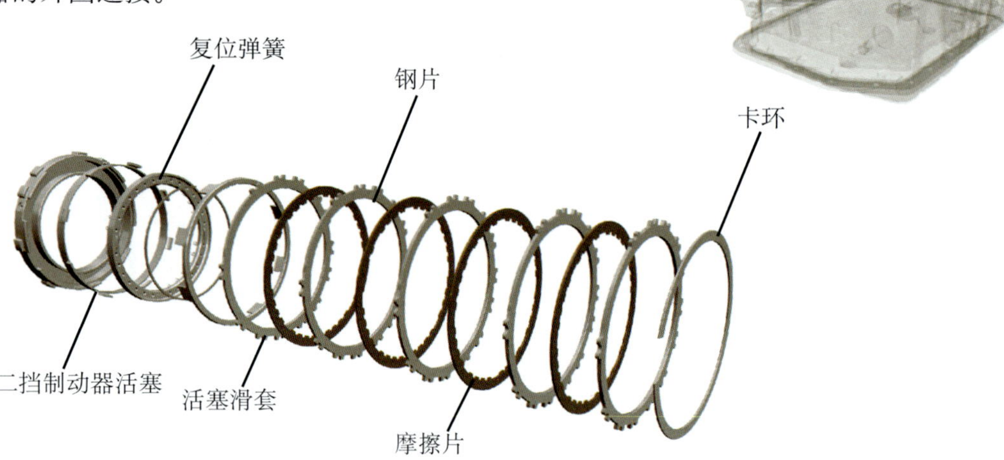

钢片与壳体连接。钢片和摩擦片在活塞推动下紧压在一起，制动器即接合。No.1单向离合器被固定。

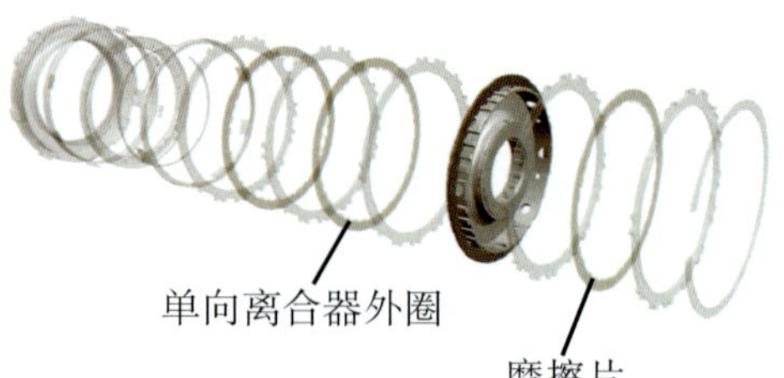

4. 工作原理

液压油经油道进入活塞右方，推动活塞左移，将钢片和摩擦片压紧。

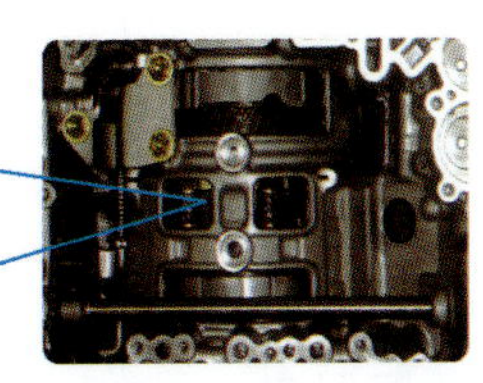

No.1单向离合器外圈被固定。

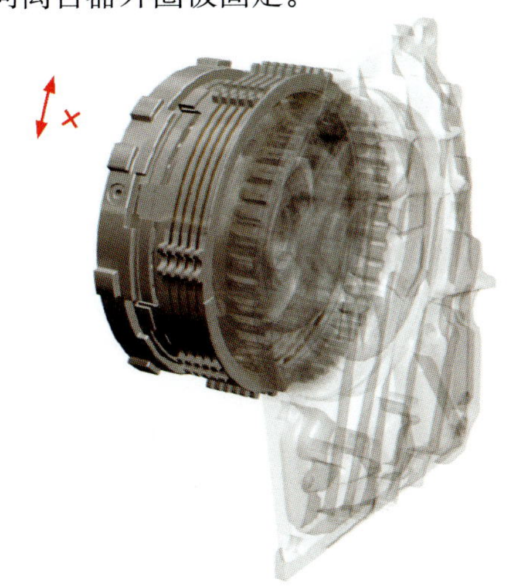

（三）1挡和倒挡制动器：

1. 结构组成

主要由摩擦片、钢片、复位弹簧、卡环和活塞等组成。

2. 功用

通过制动器的接合将前圈后架固定。

3. 连接关系

摩擦片与前圈后架连接。

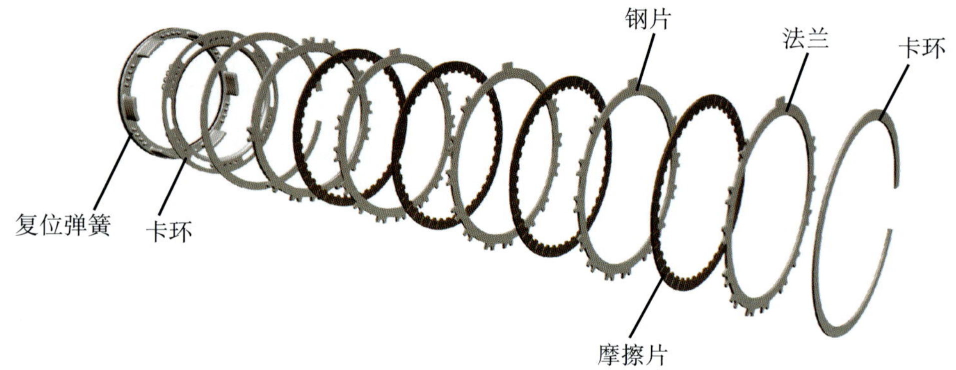

钢片与壳体连接。钢片和摩擦片在活塞推动下紧压在一起，制动器即接合。前圈后架被固定。

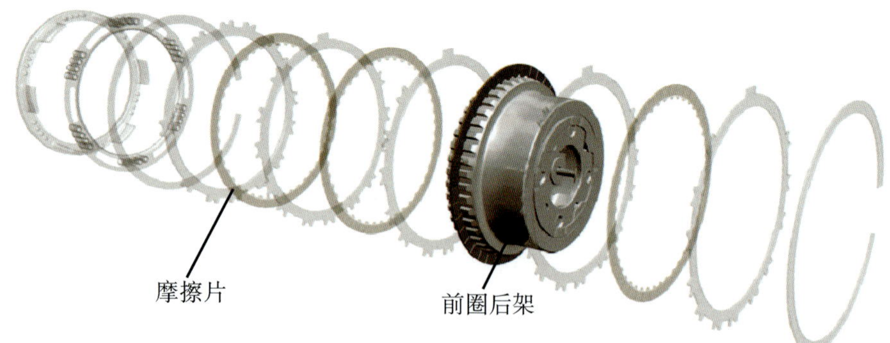

4. 工作原理

液压油经油道进入活塞右方，推动活塞左移，将钢片和摩擦片压紧。

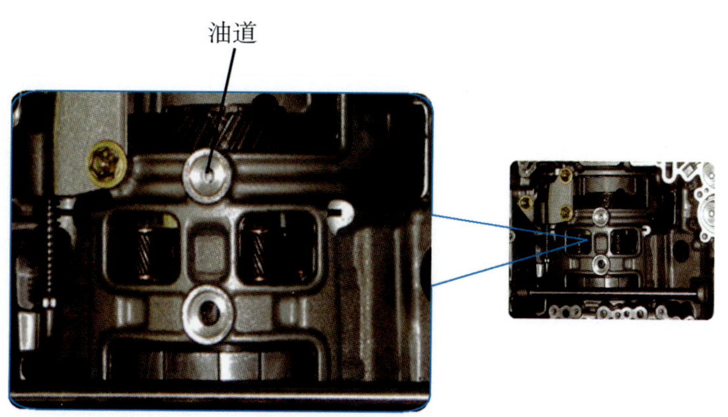

前圈后架被固定。

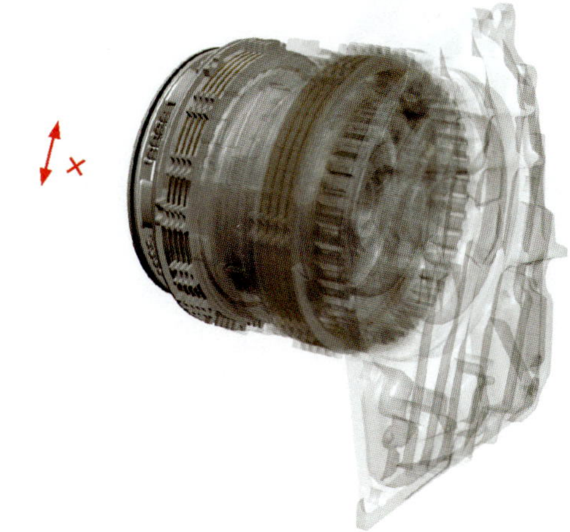

三、单向离合器

（一）1号楔块式单向离合器

1. 结构组成

主要由楔块、保持架、挡圈等组成。

2. 功用

当其外圈在2挡制动器的作用下处于固定状态时，单向离合器将后太阳轮单向锁止，保证了动力传递。

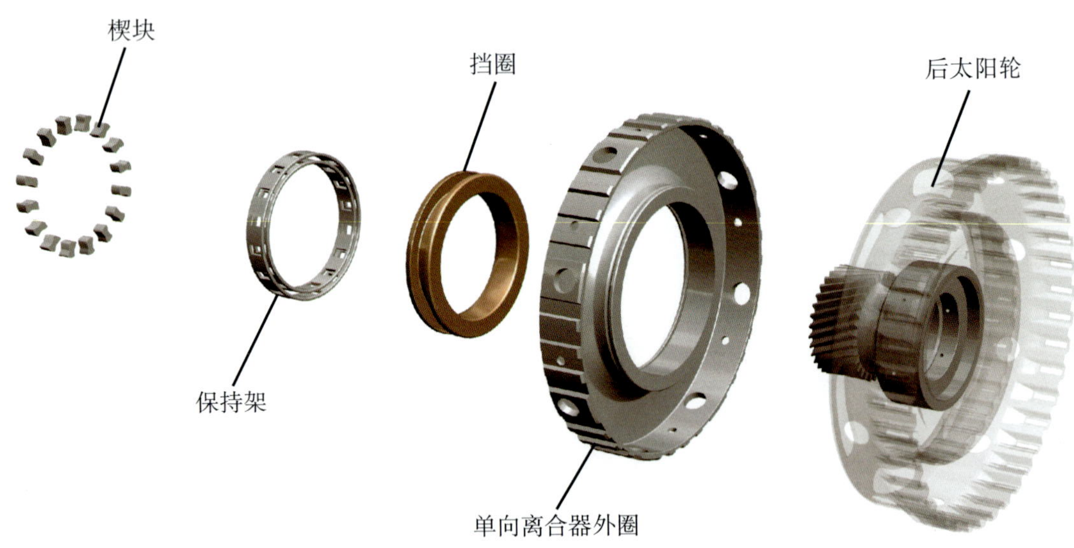

3. 工作原理:

1号楔块式单向离合器主要有两种工作状态。

（1）超越状态

当单向离合器外圈固定（即2挡制动器接合）后，内圈（即后太阳轮）如果想顺时针转动，则楔块有逆时针转动的趋势，因此可以旋转，此时单向离合器处于超越状态。

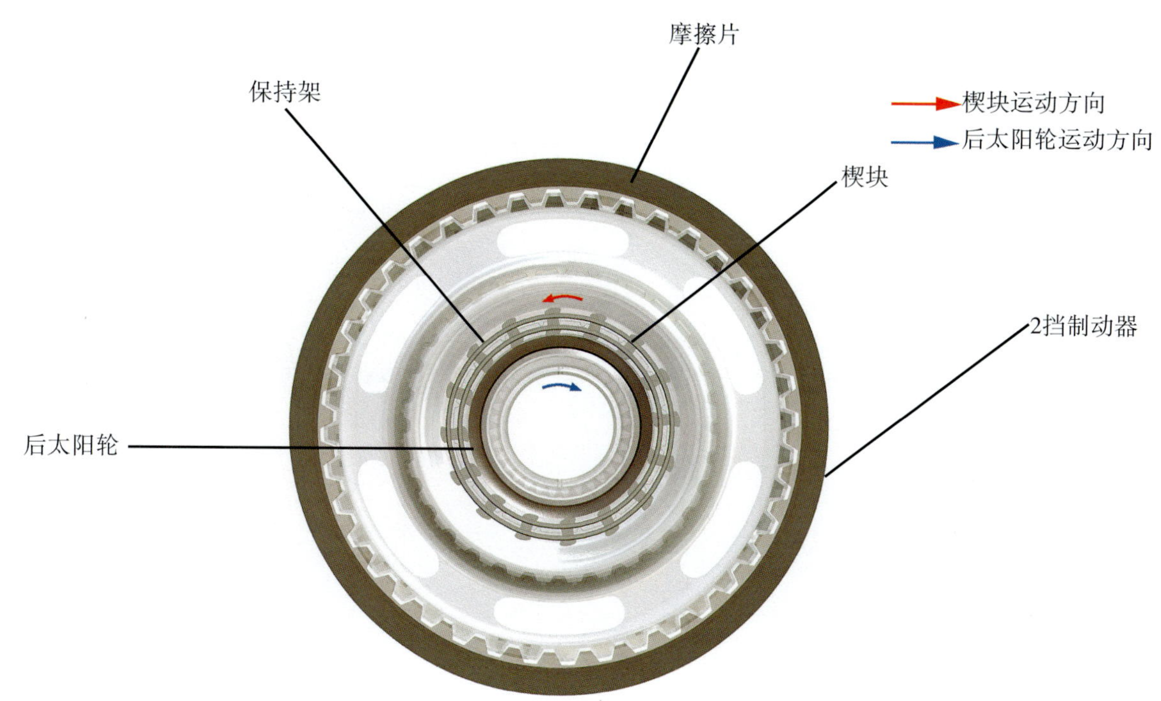

（2）锁止状态

当单向离合器外圈固定（即2挡制动器接合）后，内圈（即后太阳轮）如果想逆时针转动，则楔块有顺时针转动的趋势，因楔块两头的距离*A*要大于离合器内外圈之间的距离*B*，导致楔块无法顺时针转动，内圈（即后太阳轮）因此被固定，此时单向离合器处于锁止状态。

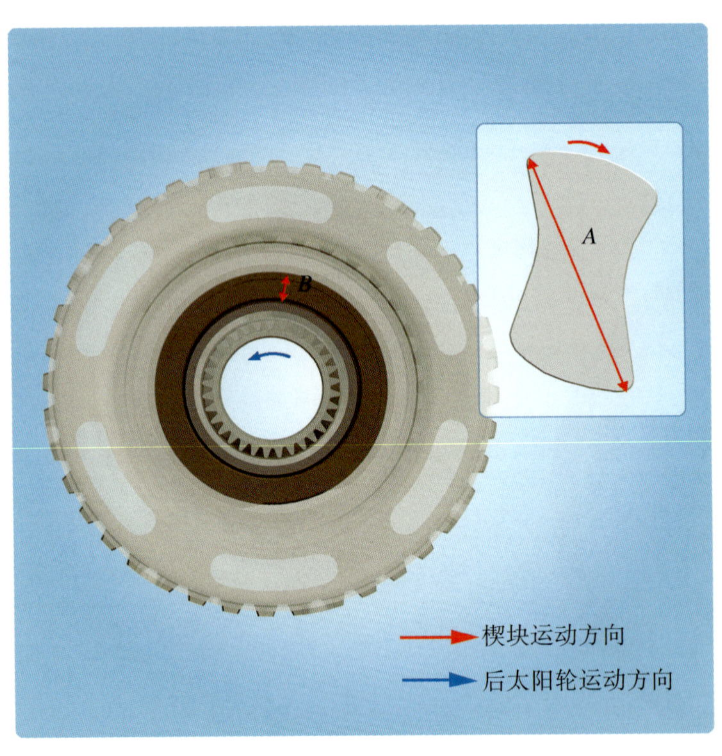

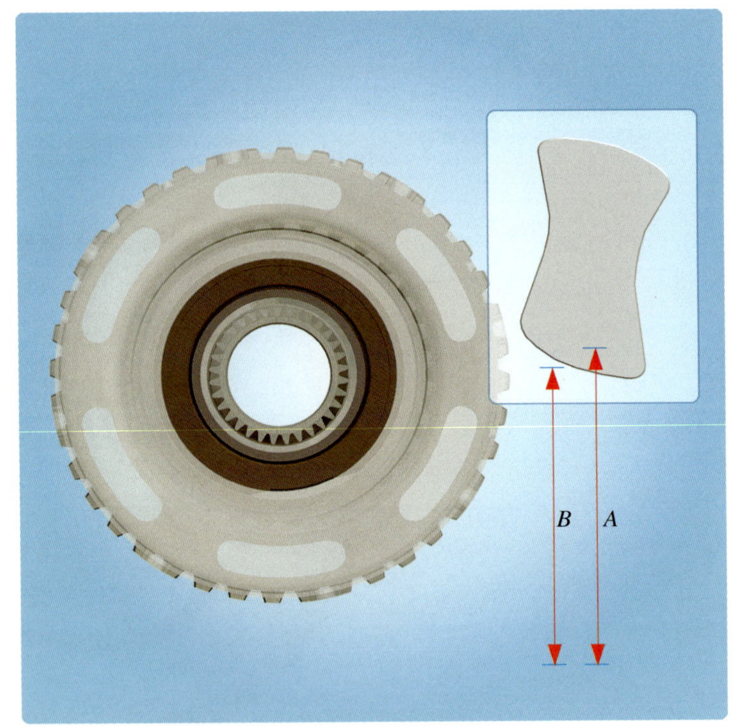

（二）2号滚柱式单向离合器

1. 结构组成

主要由外座圈、挡圈、滚柱和弹簧等组成。

2. 功用

其外座圈与壳体相连，为固定元件，单向离合器使安装在其内圈上的后架无法逆时针旋转，从而保证了动力传递。

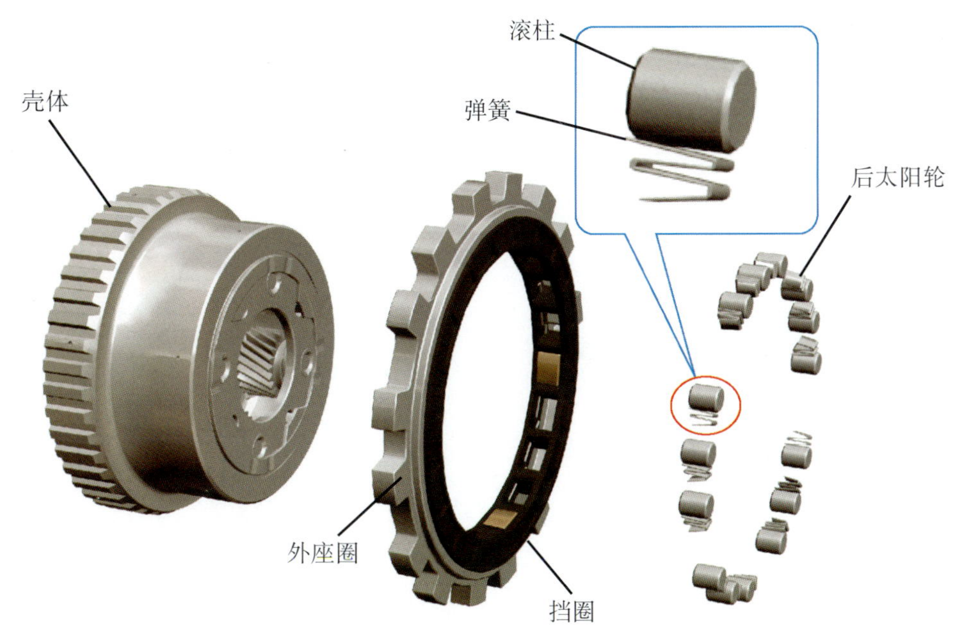

3. 工作原理

2号滚柱式单向离合器主要有两种工作状态。

（1）超越状态

单向离合器的外座圈装在壳体内，为固定件。其内圈有多个倾斜的滚道，当内圈（即后行星架）想要逆时针转动时，推动滚柱有向左移动的趋势，因此时滚柱直径*A*小于其运动方向的滚道宽度*B*，所以内圈可以旋转，此时单向离合器处于超越状态。

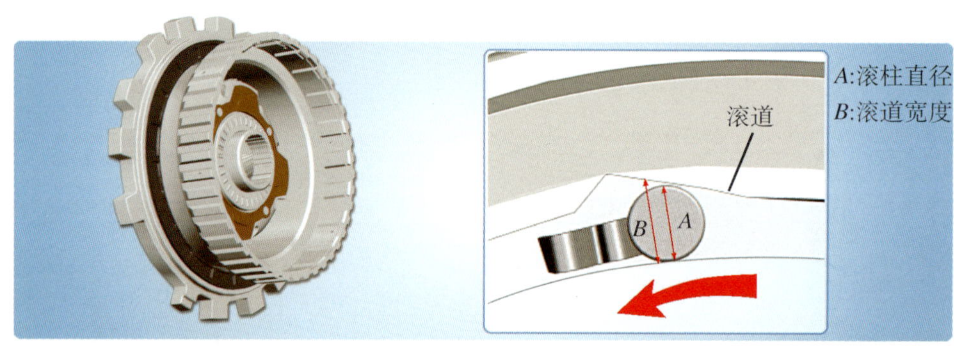

（2）锁止状态

内圈（即后行星架）想要顺时针转动时，推动滚柱有向右移动的趋势，因此时滚柱直径*A*大于其运动方向的滚道宽度*B*，所以内圈无法旋转，此时单向离合器处于锁止状态。

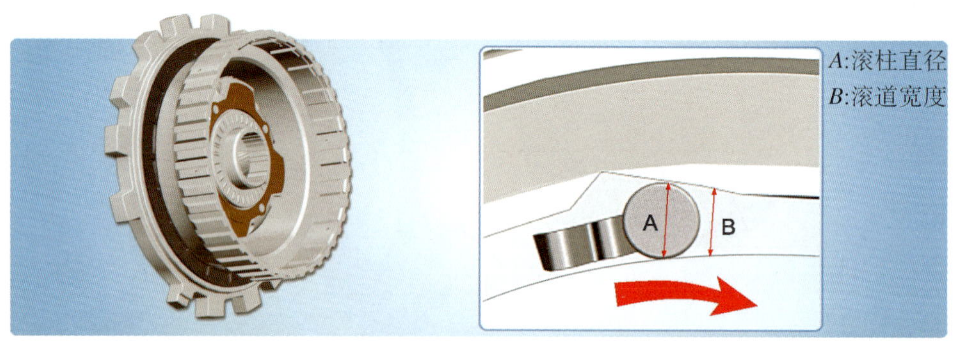

一、简单行星齿轮机构（单排）

一个简单行星齿轮机构主要由太阳轮、齿圈和齿架三部分组成。

其齿数关系为：太阳轮（47）+齿圈（85）=齿架（132）。简单行星齿轮机构共有8种传动关系，如下表所示。

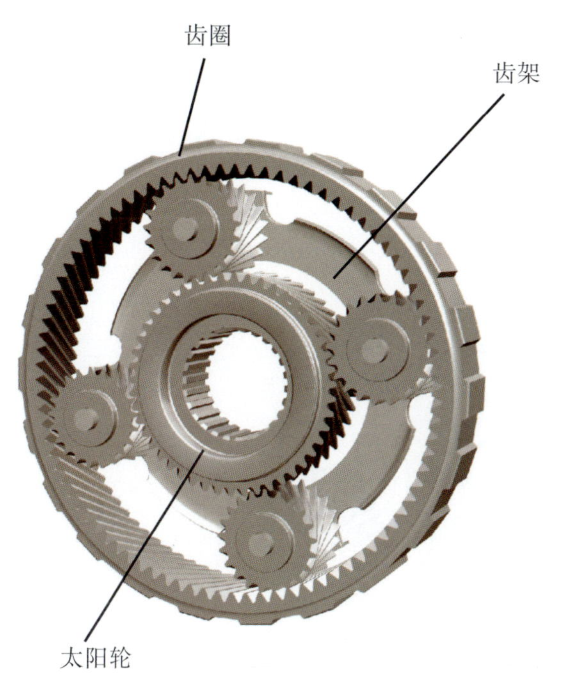

部件 传动关系	太阳轮	齿圈	齿架	传动比i	传动方向
1	主动	固定	从动	132/47＝2.8	同向
2	从动	固定	主动	47/132＝0.36	同向
3	固定	主动	从动	132/85＝1.55	同向
4	固定	从动	主动	85/132＝0.64	同向
5	主动	从动	固定	85/47＝1.8	反向
6	从动	主动	固定	47/85＝0.55	反向
7	主动	主动	从动	1	同向
8	主动	自由	自由	0	无输出

二、复合行星齿轮机构（双排）

1. 基本结构

丰田U341E自动变速器采用了CR-CR复合行星齿轮机构，就是将两个简单行星齿轮机构以一定的连接方式组合起来，主要部件包括前太阳轮、前行星齿轮总成（前架后圈）、后行星齿轮总成（前圈后架）、后太阳轮等。

前太阳轮：由前进离合器直接驱动，是动力输入端。

前行星齿轮总成（前架后圈）：前行星架和后齿圈连为一体，并与输出轴相连，是动力输出端。

后行星齿轮总成（前圈后架）：前齿圈和后行星架连为一体，与其他行星齿轮机构部件配合传动。

后太阳轮：与后行星架啮合，配合动力传递。

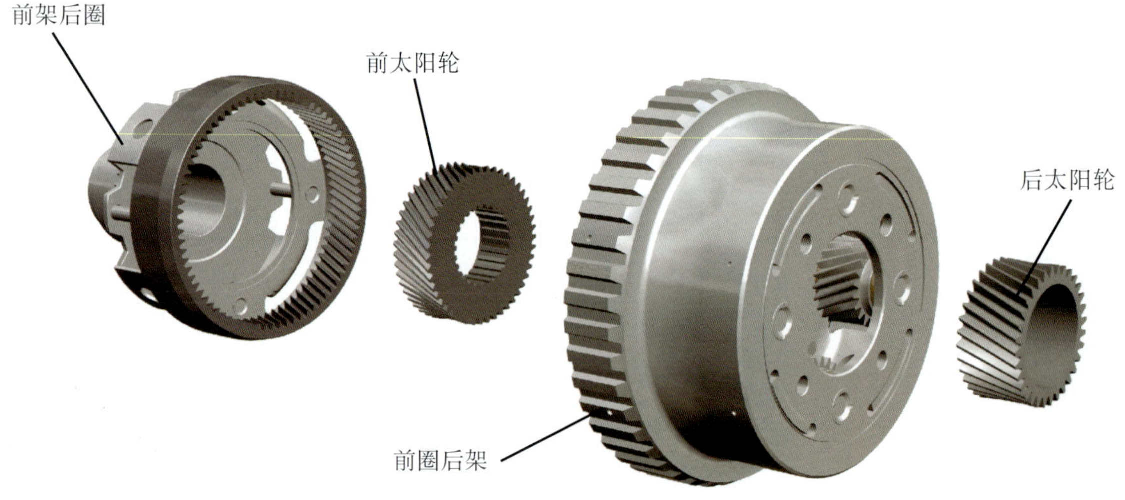

2. 传动原理

（1）D1挡

在D1挡时，前进离合器C1接合、No.2单向离合器锁止。

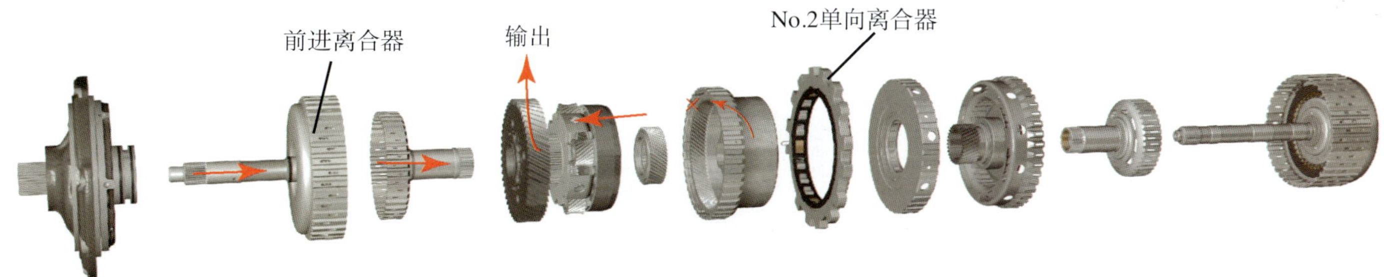

动力经前进离合器C1输入、带动前太阳轮旋转。

No.2单向离合器锁止了前圈后架。

保证了前太阳轮能够带动前架后圈旋转，向外输出动力。

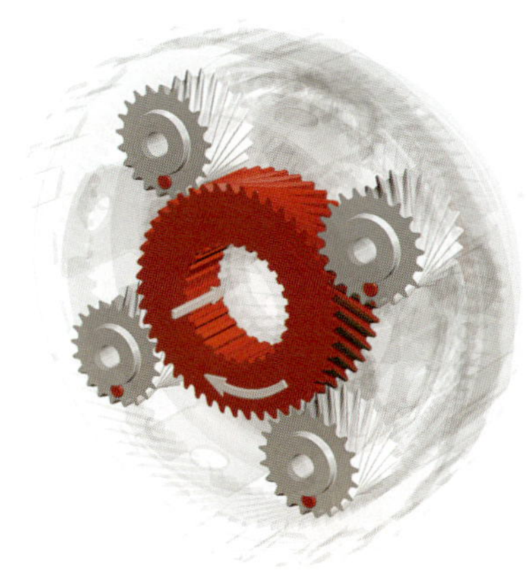

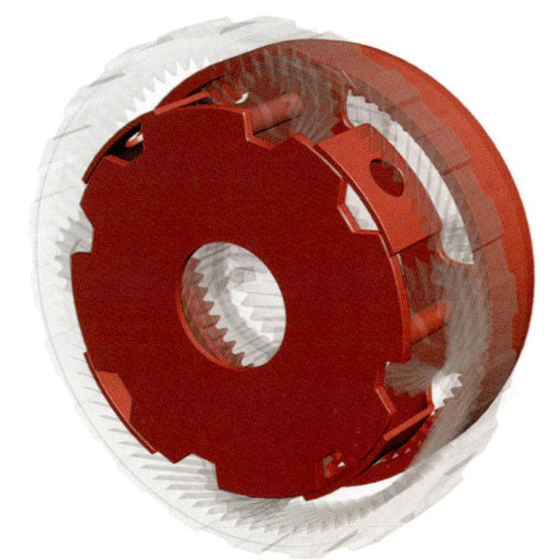

此时，对于前排行星齿轮机构来说，前太阳轮为输入件，前行星架为输出件，由于前太阳轮的齿数最少，而前行星架的齿数最多，因此为减速输出。这时输出的传动比和转矩最大，转速最慢。D1挡的传动比约为2.8左右（同简单行星齿轮机构的第一种传动关系）。

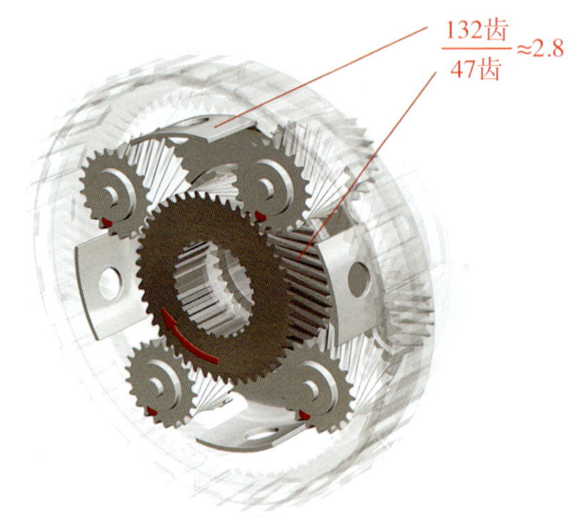

（2）D2挡

在D2挡时，前进离合器仍然接合，2挡制动器锁止，No.1单向离合器锁止，No.2单向离合器超越。

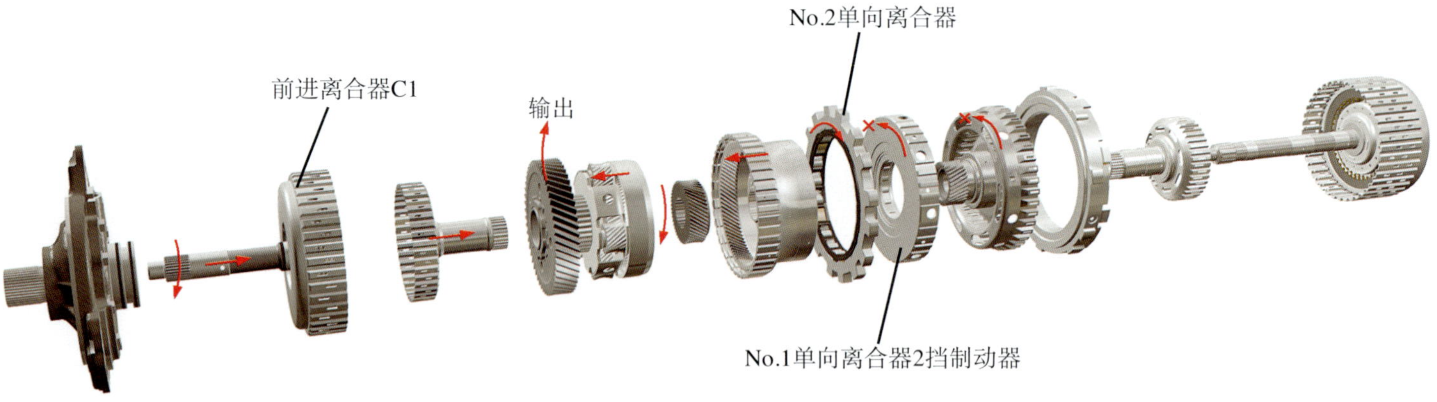

动力依然经前进离合器输入，带动前太阳轮旋转。

由于2挡制动器锁止了No.1单向离合器的外圈，使得No.1单向离合器能够将后太阳轮逆时针锁止。

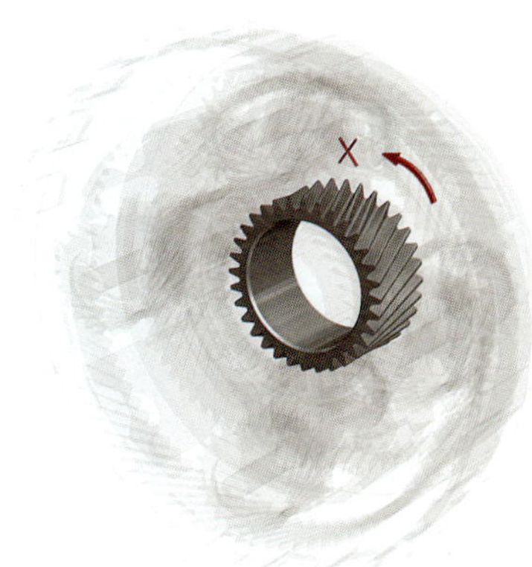

此时，由于后太阳轮的固定，使得前圈后架开始顺时针旋转。

两排行星齿轮机构同时起作用，因此无法利用简单行星齿轮机构的传动关系来理解，将各参数代入行星齿轮机构运动方程后，经计算，D2挡的传动比约为1.5。

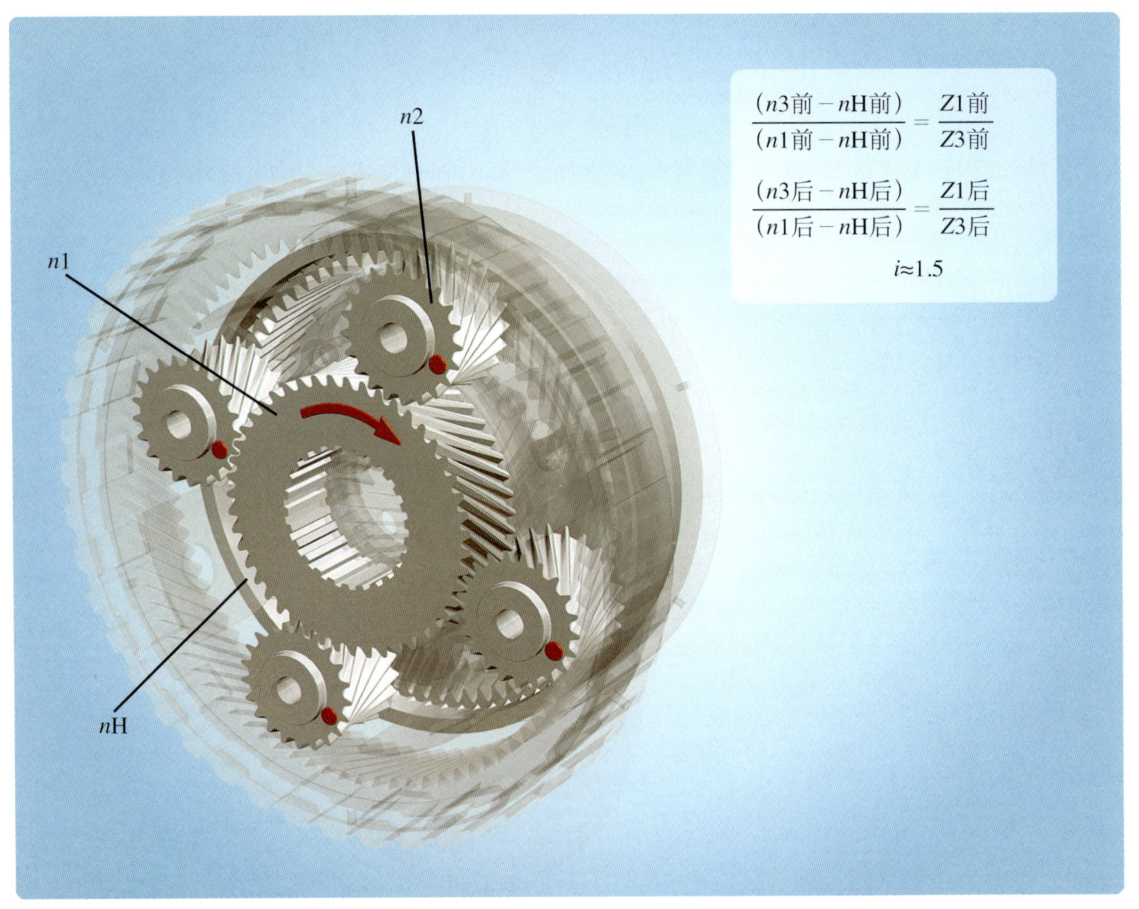

（3）D3挡

在D3挡时，前进离合器仍然接合，No.1单向离合器超越，No.2单向离合器超越，直接离合器接合。

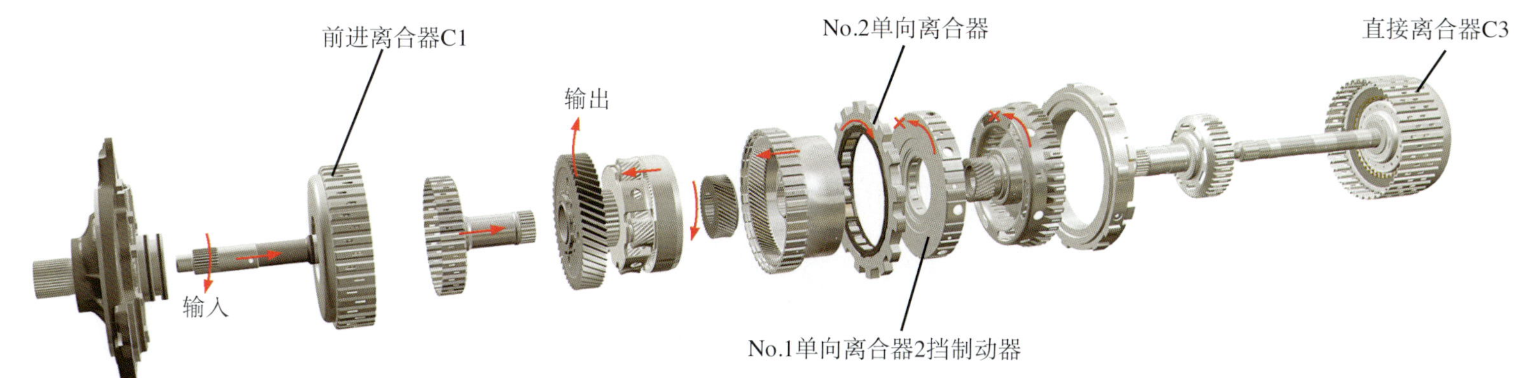

动力一路依然经前进离合器输入，带动前太阳轮旋转。

另一路，经中间轴传到直接离合器，再带动前圈后架旋转。

此时，有两个动力同速、同向、同时输入。

因此整个行星齿轮机构成为一个整体，一起输出动力，即处于直接挡，传动比为1（同简单行星齿轮机构的第7种传动关系）。

（4）D4挡

在D4挡时，直接离合器接合，No.1单向离合器锁止，OD&2挡制动器接合，No.2单向离合器超越。

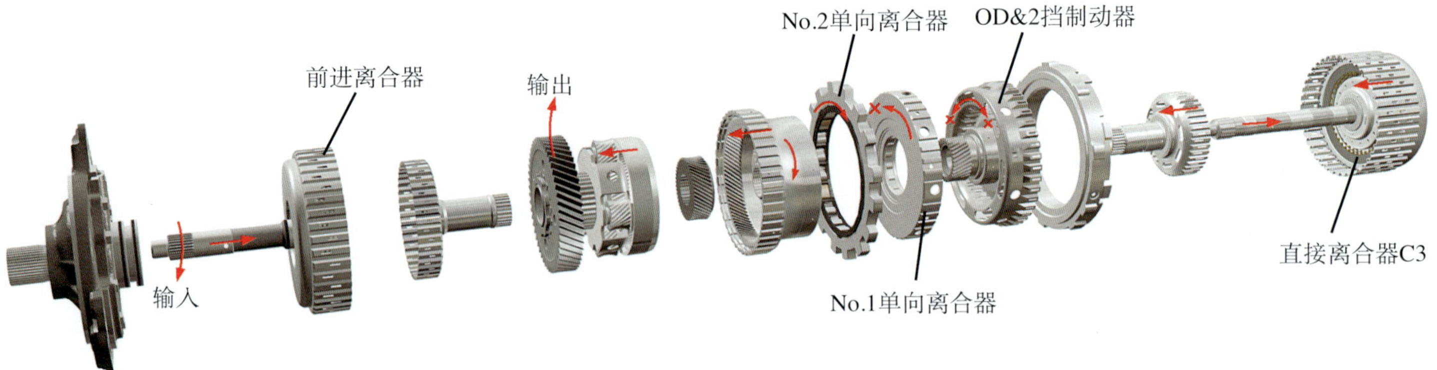

动力经中间轴传到直接离合器，再带动后架旋转。

OD&2挡制动器锁止了后太阳轮。

此时，对于后排行星齿轮机构来说，后行星架为输入件，后齿圈为输出件，后太阳轮固定，由于后行星架齿数较多，后齿圈齿数较少，因此为超速输出，传动比约为0.64（同简单行星齿轮机构的第4种传动关系）。

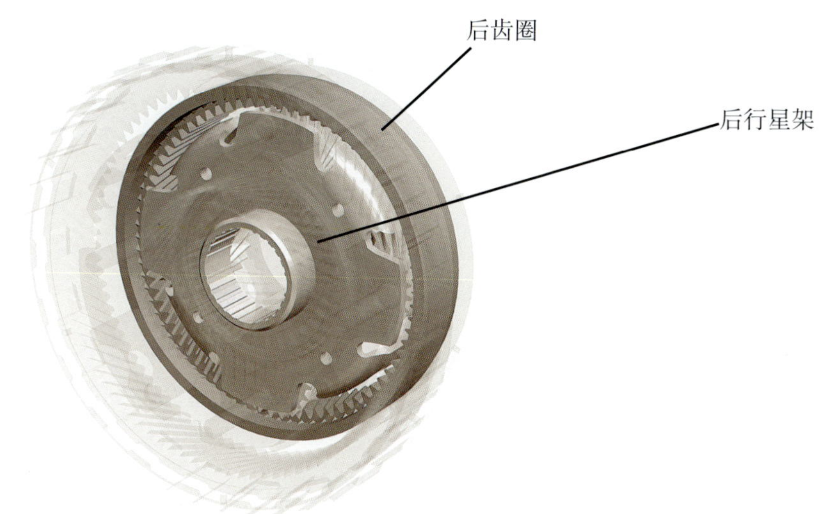

（5）R挡

在R挡时，倒挡离合器接合，1挡&倒挡制动器接合。

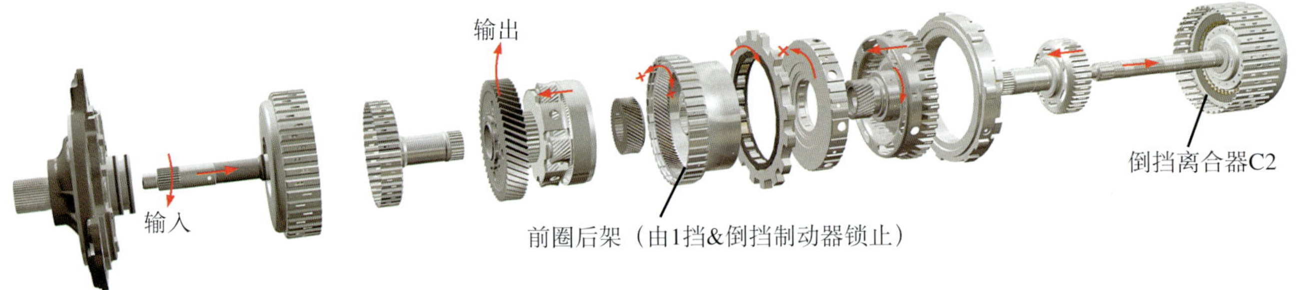

动力经中间轴传到倒挡离合器，再带动后太阳轮旋转。

倒挡制动器锁止了前圈后架。

此时，对于后排行星齿轮来说，后太阳轮为输入件，后齿圈为输出件，后行星架固定，由于后齿圈齿数较多，太阳轮齿数最少，因此为减速输出，且转向相反，传动比约为2.38（同简单行星齿轮机构的第5种关系）。

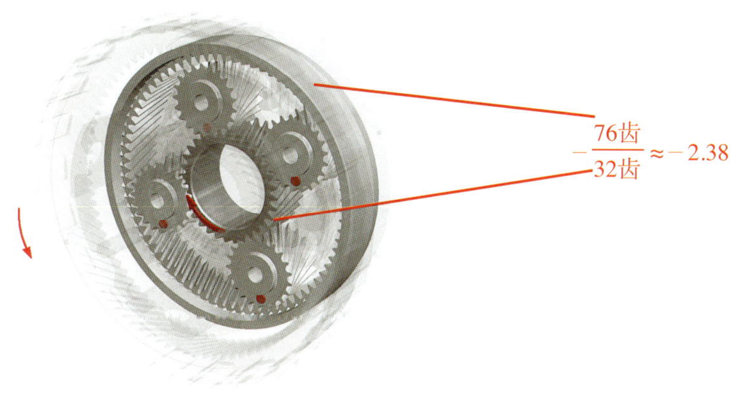

1. 结构组成

主要由内转子、外转子、导轮固定轴、O形圈、油封和壳体等组成。

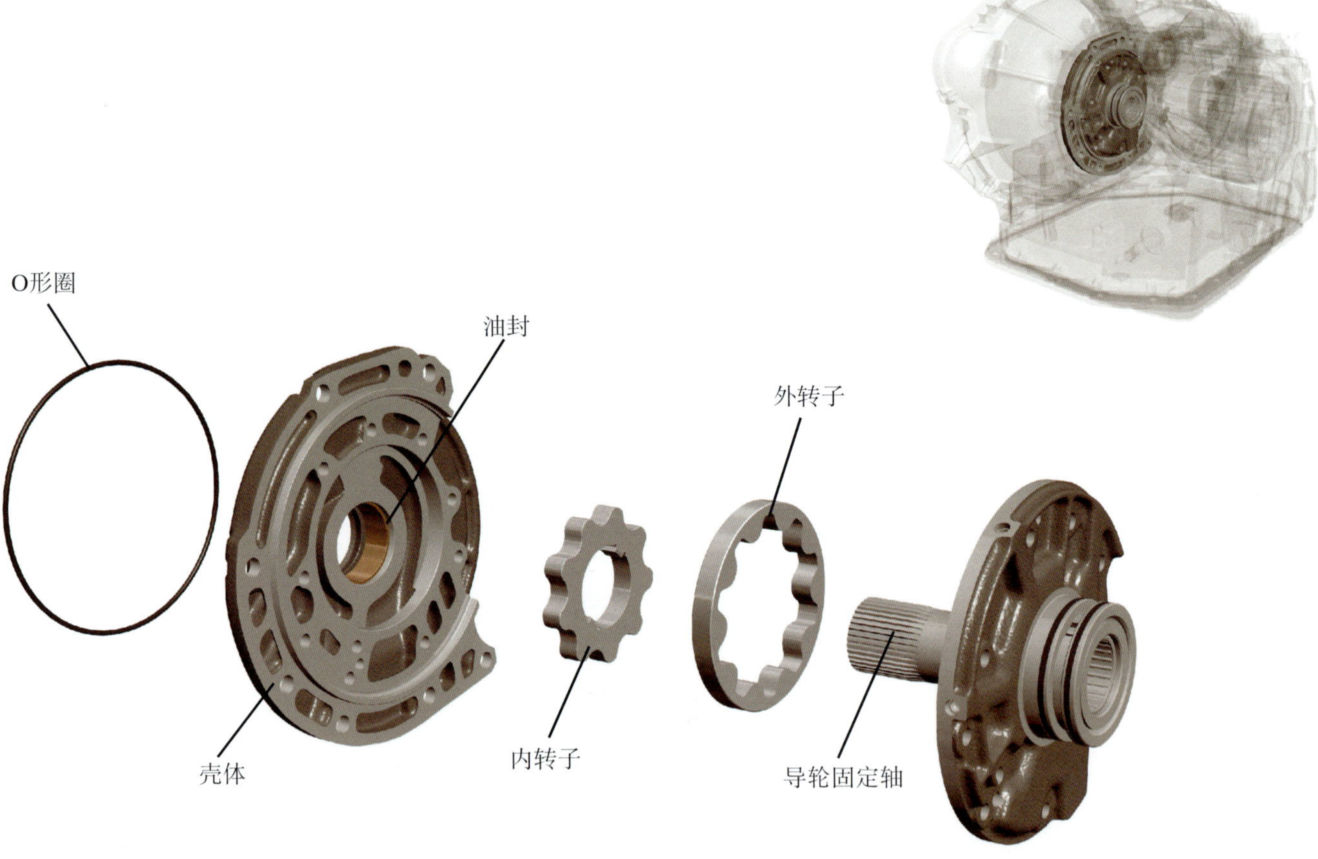

油泵是整个自动变速器液压系统的核心元件，其产生的油压经控制阀体分配到各液压执行元件，推动它们动作，从而保证变速器的正常工作。

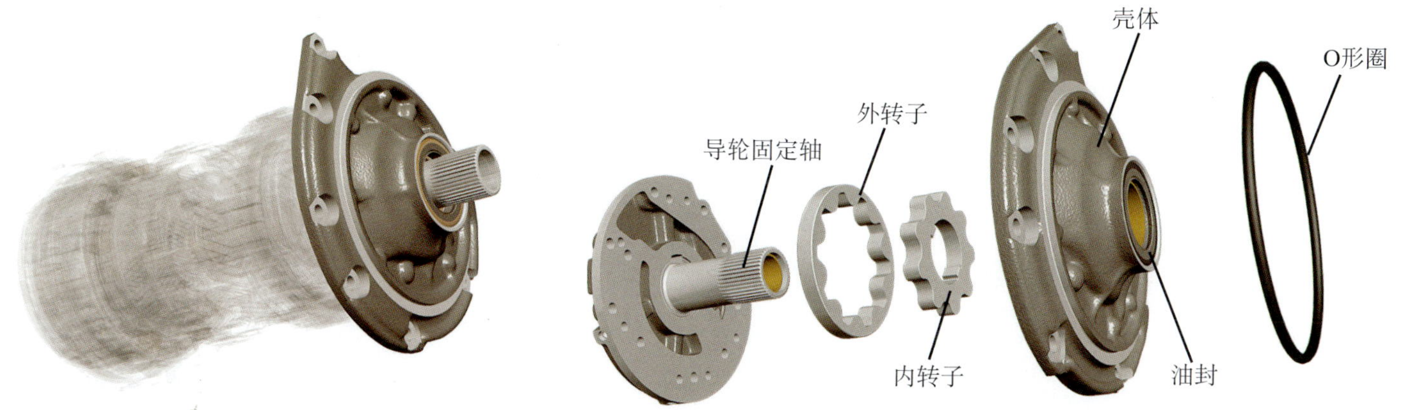

2. 类型

该油泵是转子式油泵。油泵的转子利用其齿形轮廓代替轮齿，内转子的齿数比外转子的齿数少一个。内外转子的旋转中心不同，存在一定的偏心距。

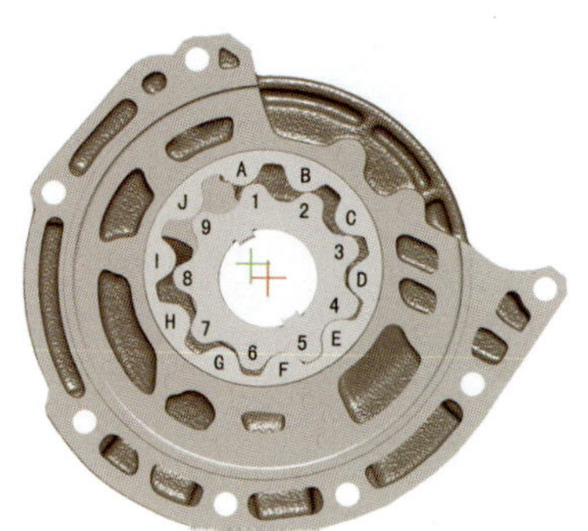

3. 工作原理

油泵工作时，内转子为主动件，内转子被驱动时带动外转子旋转。当内转子齿向外转子齿间凹面运动时，外转子齿间凹面处的油液被挤向出口。油泵出口不断有油液输出，以供给变速器工作的压力油。内转子齿在外转子齿上滑动的作用，防止了油液倒流回入口。内外转子齿紧密接触形成相互密封的工作腔，当工作腔从进油孔侧转过时，容积增大，产生真空，油液便经进油孔吸入。当内转子齿滑入外转子齿凹面时，油液被挤出。

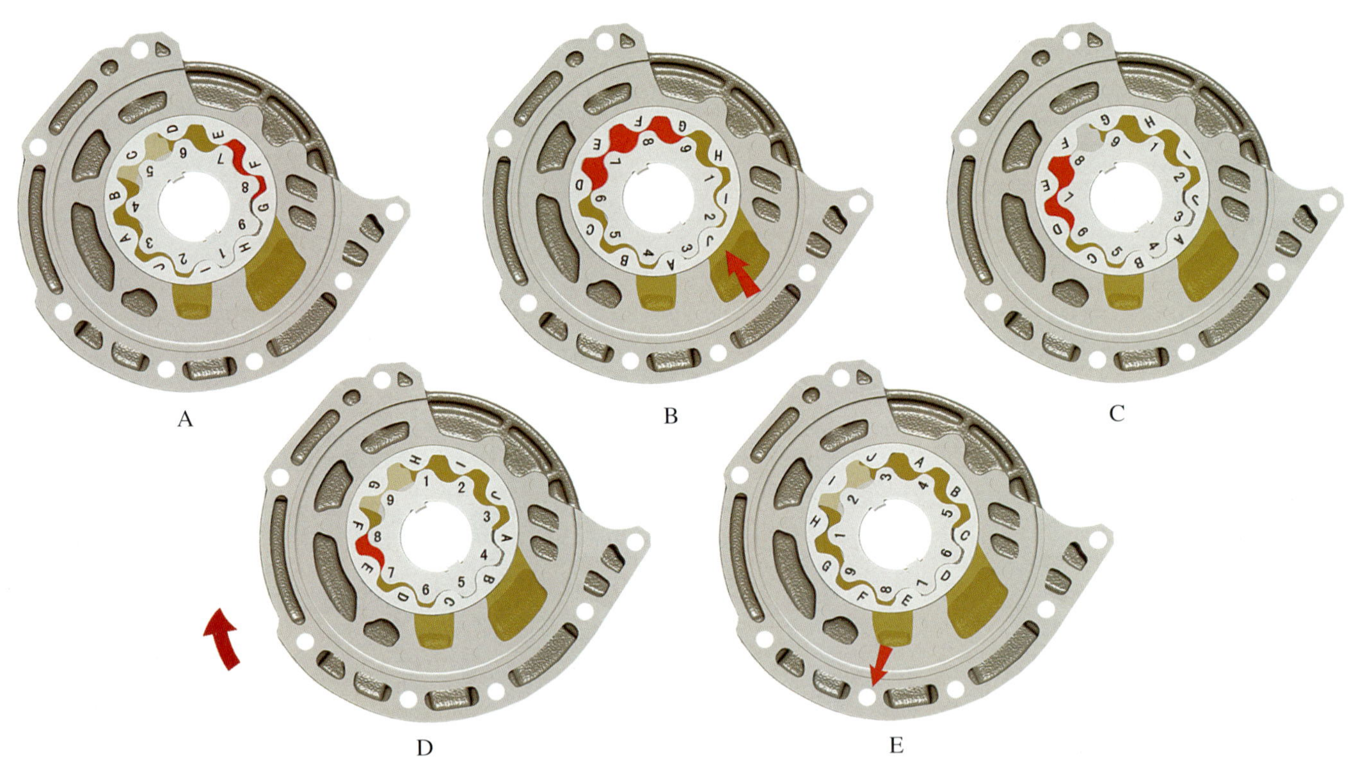

A B C D E

1. 结构组成

液压控制阀体主要由各种阀杆、弹簧、隔板、阀板、蓄能器等组成。

2. 基本原理

各种阀杆由电磁阀控制，改变不同的位置，输出油压经油道送到各换挡执行元件，使其动作。

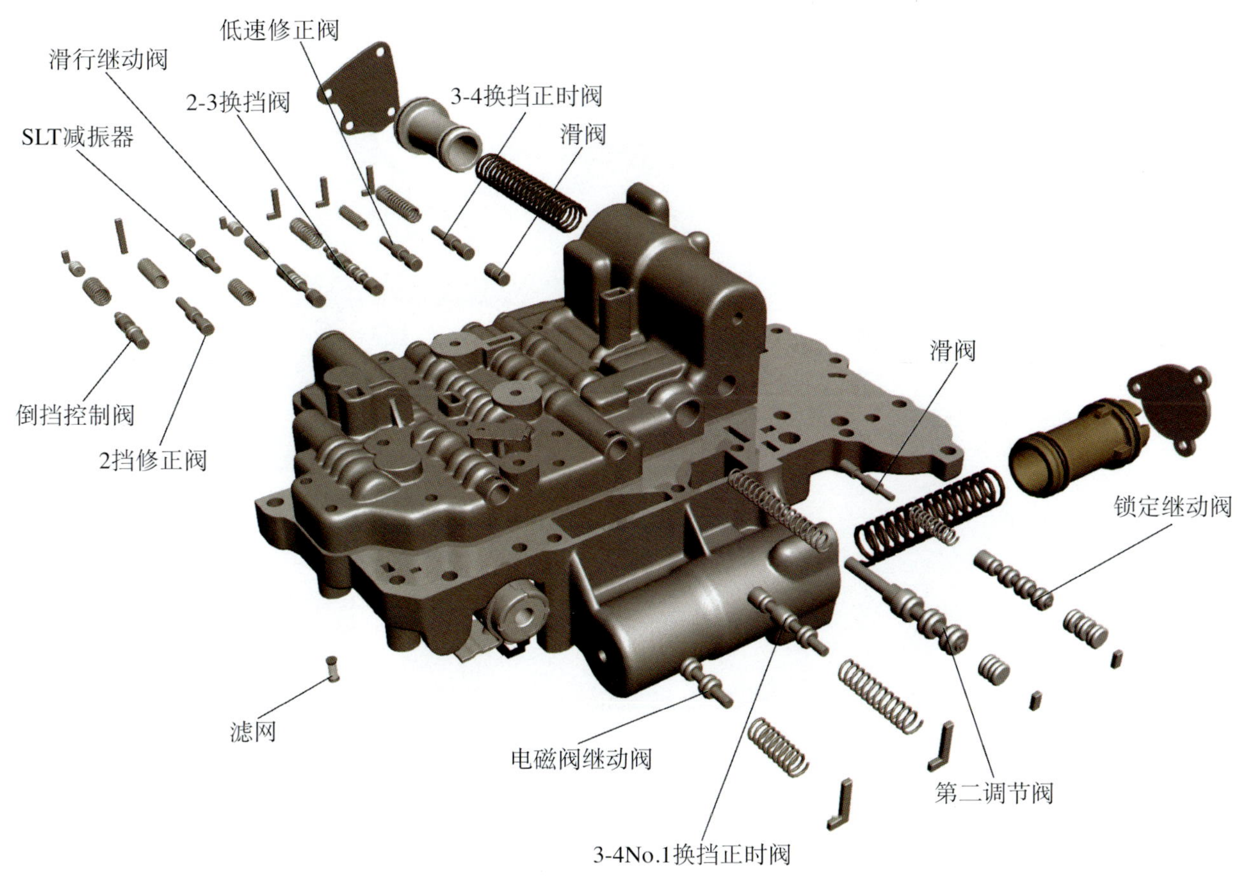

总体布置

丰田U341E自动变速器共有5个电磁阀：No.1换挡电磁阀、No.2换挡电磁阀、ST换挡正时电磁阀、管路油压电磁阀、TCC电磁阀。

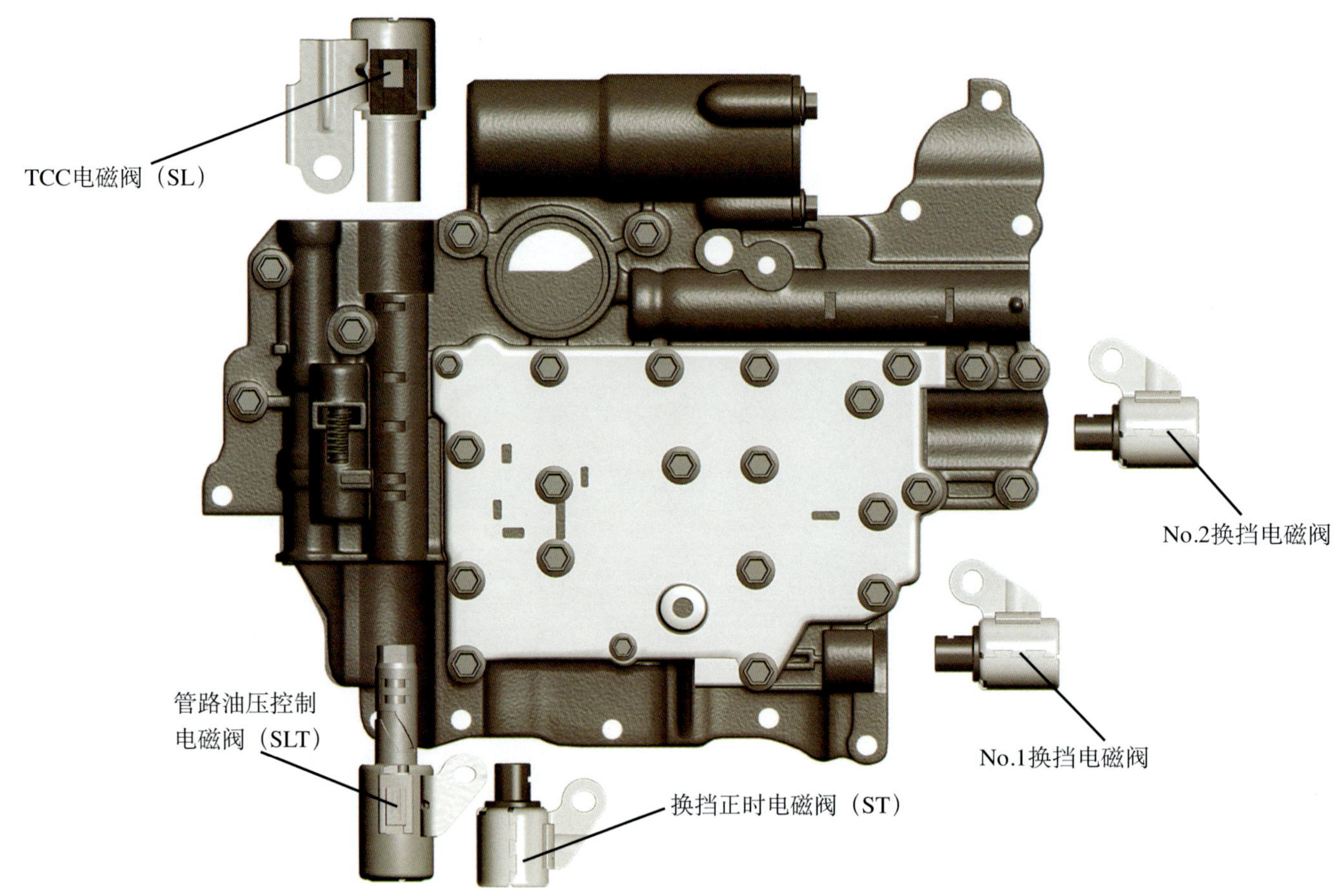

1. 结构组成

主要由滑柱、弹簧和电磁线圈等组成。它是开关型电磁阀，只有接通和断开两种状态。

2. 功用

通过电磁阀的连通和断开两种状态变化来控制液压换挡阀杆一端的油压，从而控制阀杆的位置，确定油路的走向。

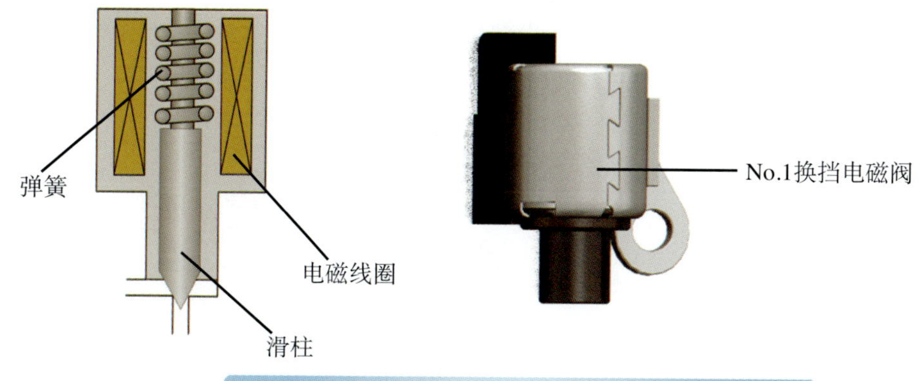

3. 工作原理

当电磁线圈未通电时，滑柱在弹簧的作用下将油路封闭，当ECU接通电磁阀电路后，电磁线圈便通电产生吸引力使滑柱克服弹簧阻力向上运动，从而使油路与泄油口相通。

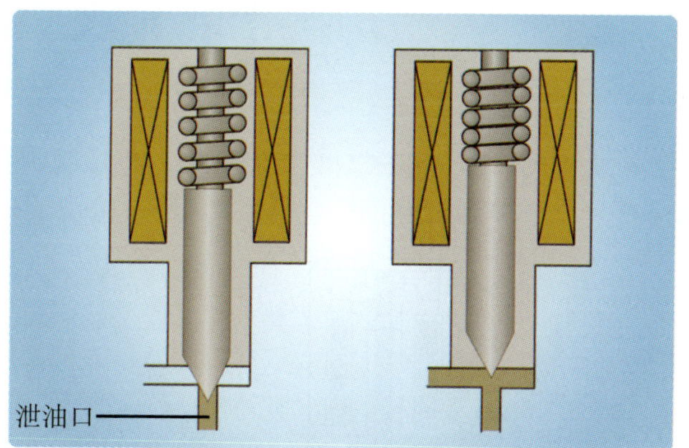

管路油压控制电磁阀

1. 结构组成

管路油压电磁阀主要由控制阀、复位弹簧、滑柱、电磁线圈等组成。

2. 功用

该电磁阀为一线性电磁阀，主要用来产生精确的节气门油压信号，从而起到调节系统油压的作用。

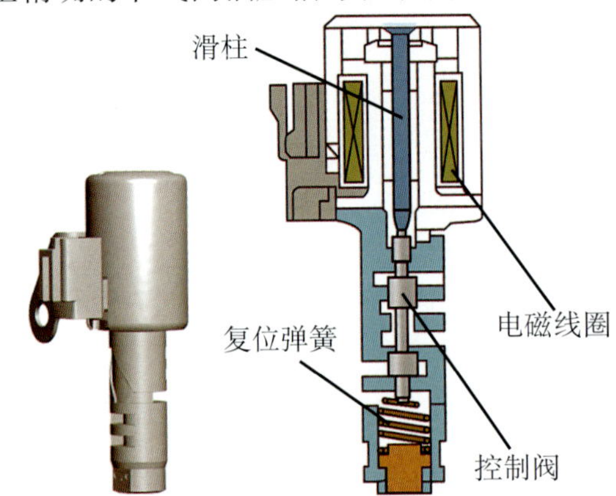

3. 工作原理

管路油压电磁阀接受发动机、ECT和ECU的控制信号，将控制阀停在指定的位置，从而输出一控制油压，控制信号电压越高，电磁力越大，使控制阀下移，从而降低控制油压，反之则增大控制油压。

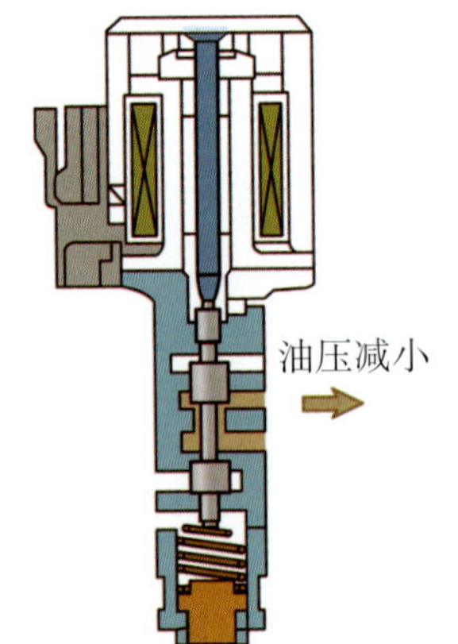

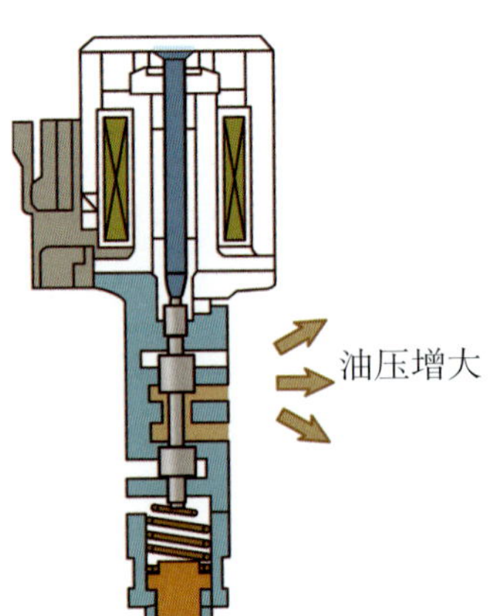

1. 结构组成

输入轴速度传感器是一个电磁感应式传感器，其内部主要由永久磁铁、感应线圈等组成。

2. 功用

感应输入轴的传递，并将此信号转变为一交流电压信号，送给ECT、ECU。

当输入轴旋转时，传感器周围的磁场发生变化，产生感应交流信号，转速越高，产生的信号就越强。ECT、ECU使用该信号结合车速传感器信号来计算当前的齿轮传动比，控制管路压力、变速器换挡模式和变矩器离合器的滑动量等。

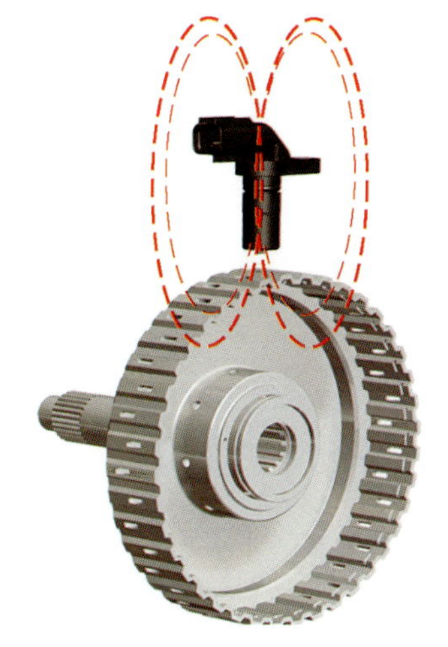

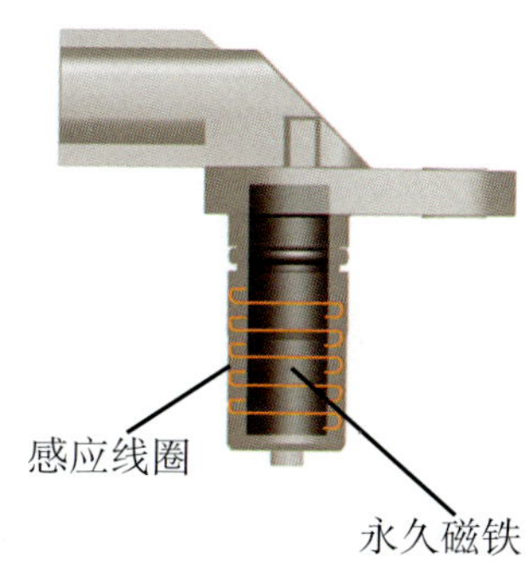

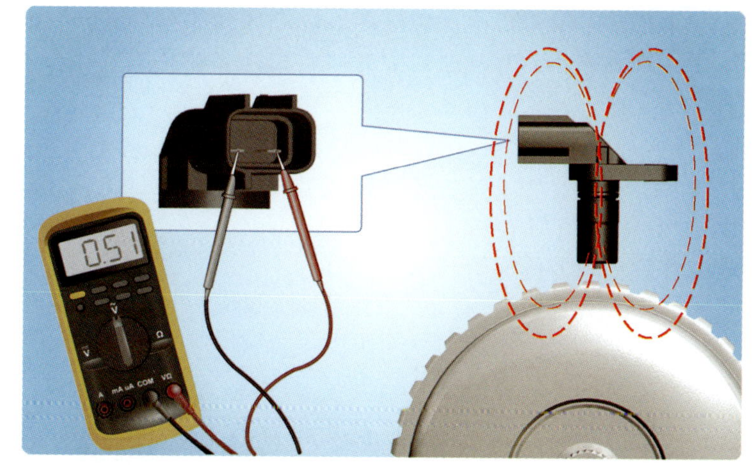

练习题

一、不定项选择题

1. 自动变速器按控制方式可大致分为（　　）两类。
A.液控和电控　B.液控和电液控　C.电液控和电控　D.液控和机械控制

2. 自动变速器按行星齿轮机构形式可大致分为（　　）。
A.辛普森　B.拉威挪　C.莱佩莱捷斯　D.CR-CR型

3. 自动变速器主要由液力变矩器、（　　）等组成。
A.行星齿轮机构　B.换挡执行元件　C.液压控制部分　D.电子控制部分　E.传感器　F.电子控制单元

4. 在对自动变速器的基本工作过程描述中，以下正确的是（　　）。
A.各传感器→电子控制单元→液压控制系统→电磁阀→换挡执行元件→行星齿轮机构→输出动力
B.各传感器→电子控制单元→电磁阀→换挡执行元件→液压控制系统→行星齿轮机构→输出动力
C.各传感器→电子控制单元→电磁阀→液压控制系统→行星齿轮机构→换挡执行元件→输出动力
D.各传感器→电子控制单元→电磁阀→液压控制系统→换挡执行元件→行星齿轮机构→输出动力

5. 液力变矩器主要由（　　）组成。
A.泵轮　B.涡轮　C.导轮　D.锁止离合器　E.减振弹簧　F.液压油

6. 丰田U341E自动变速器的倒挡离合器接合后将动力传递给（　　）。
A.前太阳轮　B.后太阳轮　C.前圈后架　D.前架后圈

7. 丰田U341E自动变速器的直接离合器接合后将动力传递给（　　）。
A.前太阳轮　B.后太阳轮　C.前圈后架　D.前架后圈

8. 丰田U341E自动变速器的OD&2挡制动器接合后将（　　　）锁止。
A. 前太阳轮　B. 后太阳轮　C. 前圈后架　D. 前架后圈

9. 丰田U341E自动变速器的2挡制动器接合后将（　　　）锁止。
A. No.1单向离合器外圈　B. No.1单向离合器内圈　C. No.2单向离合器外圈　D. No.2单向离合器内圈

10. 丰田U341E自动变速器的1挡&倒挡制动器接合后将（　　　）锁止。
A. 前太阳轮　B.后太阳轮　C. 前圈后架　D. 前架后圈

二、判断题

1. 液力变矩器的功用是根据不同的转速要求，通过液压传递动力，输出相应的转矩。（　　）
2. 在液力变矩器中，当涡轮的速度达到泵轮速度的50%时，导轮开始旋转。（　　）
3. 丰田U341E自动变速器的中间轴总成包括了前进离合器和直接离合器两个部件。（　　）
4. 丰田U341E自动变速器的No.1单向离合器内圈转速大于外圈时，单向离合器处于锁止状态。（　　）
5. 在简单行星齿轮机构中，当太阳轮固定，齿圈输入，齿架输出时，其传动方向是相反的。（　　）
6. 丰田U341E自动变速器中只有在D2挡时，复合行星齿轮机构才同时起传动作用，因此传动原理最难理解。（　　）
7. 丰田U341E自动变速器的油泵主要由内转子、外转子、导轮固定轴、O形圈和壳体等组成。（　　）
8. 丰田U341E自动变速器共有5个电磁阀，包括3个换挡电磁阀、1个管路油压控制电磁阀、1个TCC电磁阀。（　　）
9. 丰田U341E自动变速器的管路油压控制电磁阀是一开关型电磁阀。（　　）
10. 丰田U341E自动变速器的输入速度传感器为一电磁感应式传感器。（　　）

三、填空题

1. 在图中标出液压油流动的方向，泵轮、涡轮以及导轮旋转的方向

泵轮

涡轮

变矩原理（低速行驶）

变矩原理（中速行驶）

2. 填入主要部件名称

3. 填入主要部件名称

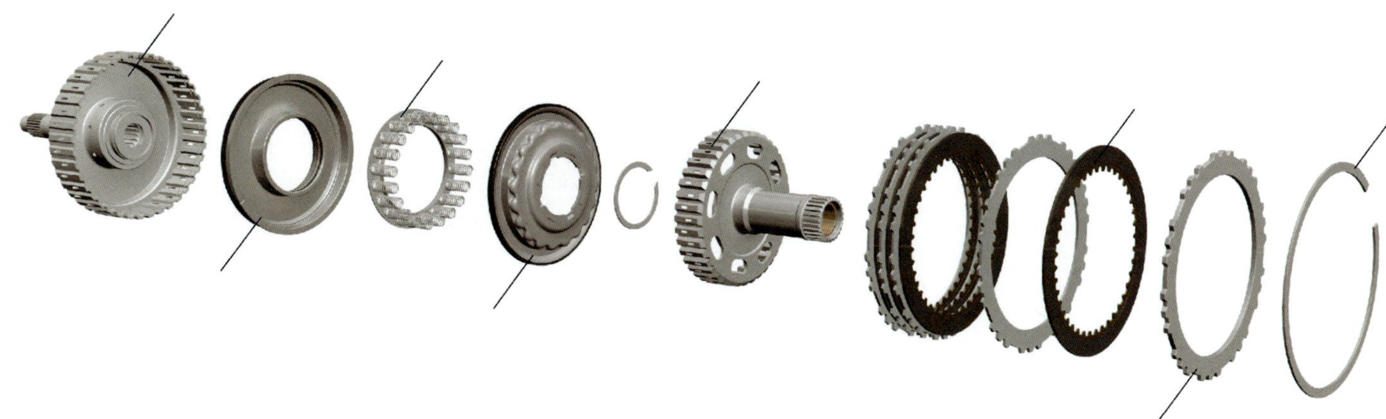

4. 填入主要部件名称

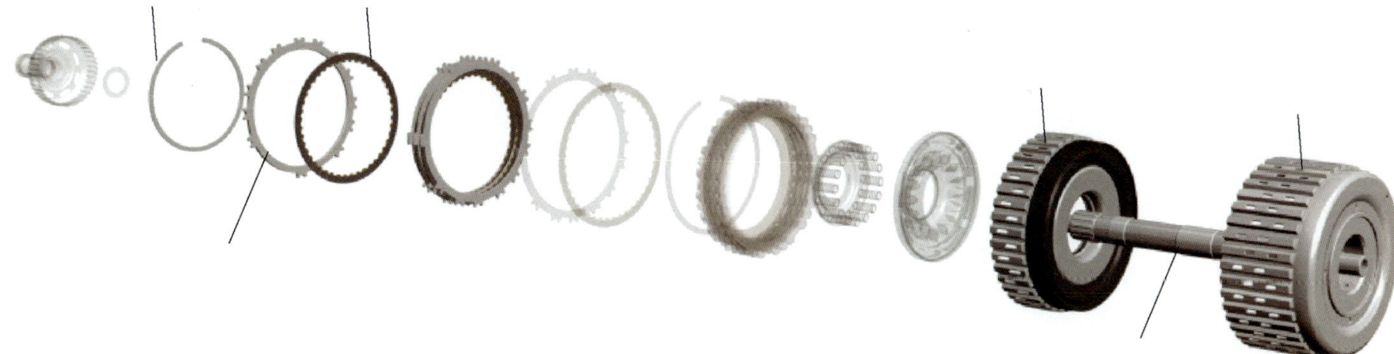

5. 填入主要部件名称

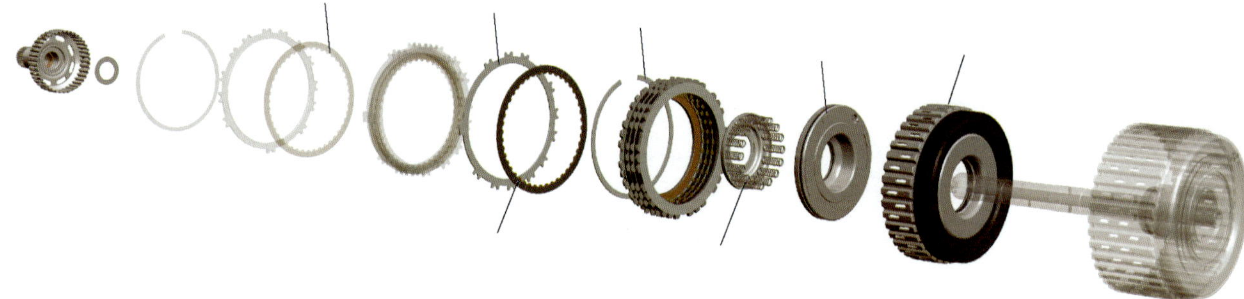

6. 填入主要部件名称

7. 填入主要部件名称，并补充完整传动关系表

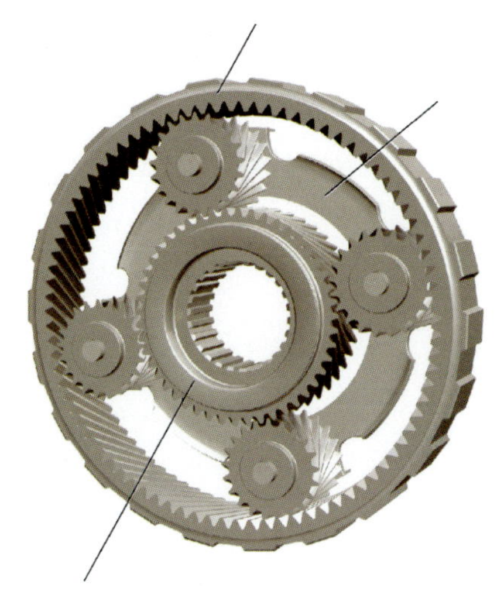

传动关系＼部件	太阳轮	齿圈	齿架	传动比i	传动方向
1	主动	固定	从动	132/47＝2.8	同向
2	从动		主动	47/132＝0.36	
3		主动	从动		同向
4	固定	从动	主动	85/132＝0.64	同向
5	主动	从动		85/47＝1.8	反向
6	从动	主动	固定	47/85＝0.55	反向
7	主动	主动	从动		同向
8	主动	自由		0	

8. 填入主要部件名称，并标出挂入D1挡时动力的传递方向

9. 填入主要部件名称，并标出挂入D2挡时动力的传递方向

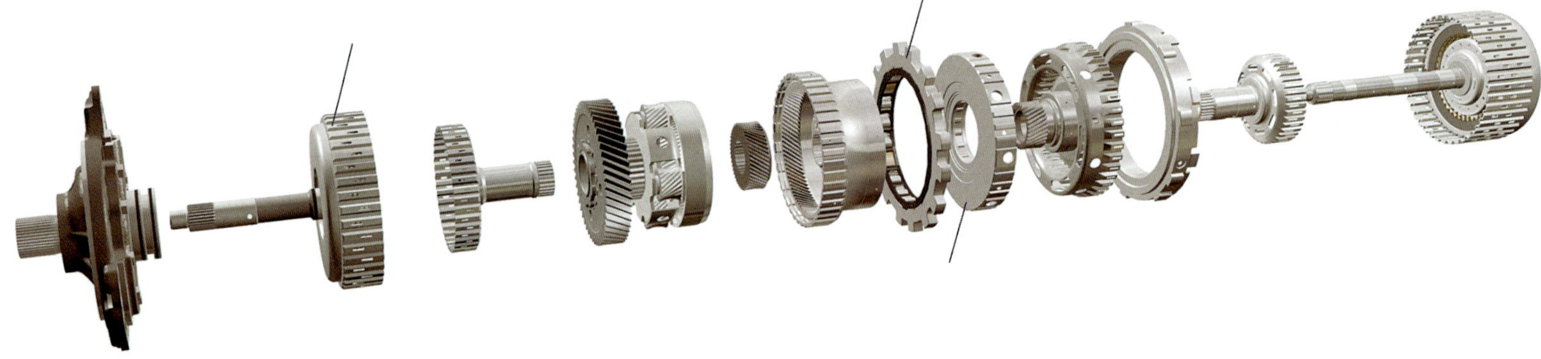

10. 填入主要部件名称，并标出挂入D3挡时动力的传递方向

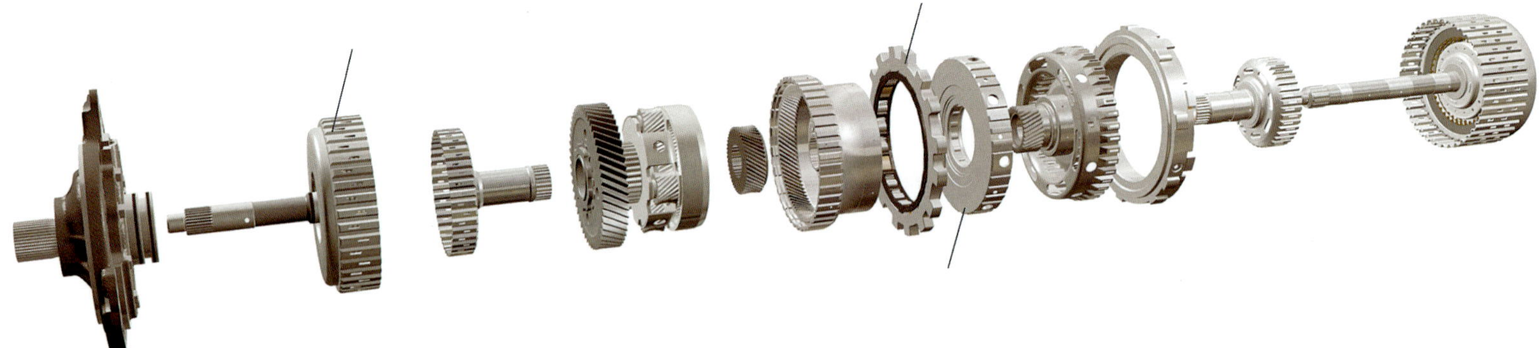

11. 填入主要部件名称，并标出挂入D4挡时动力的传递方向

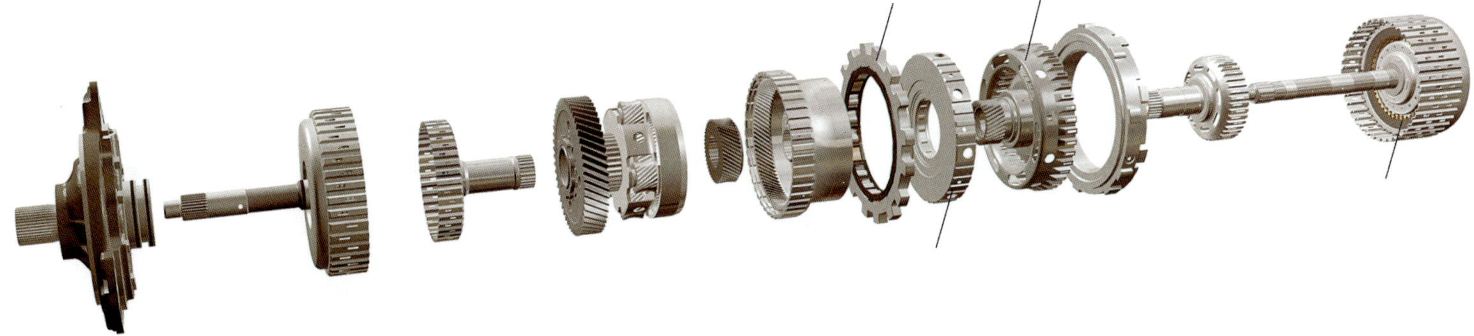

12. 填入主要部件名称，并标出挂入R挡时动力的传递方向

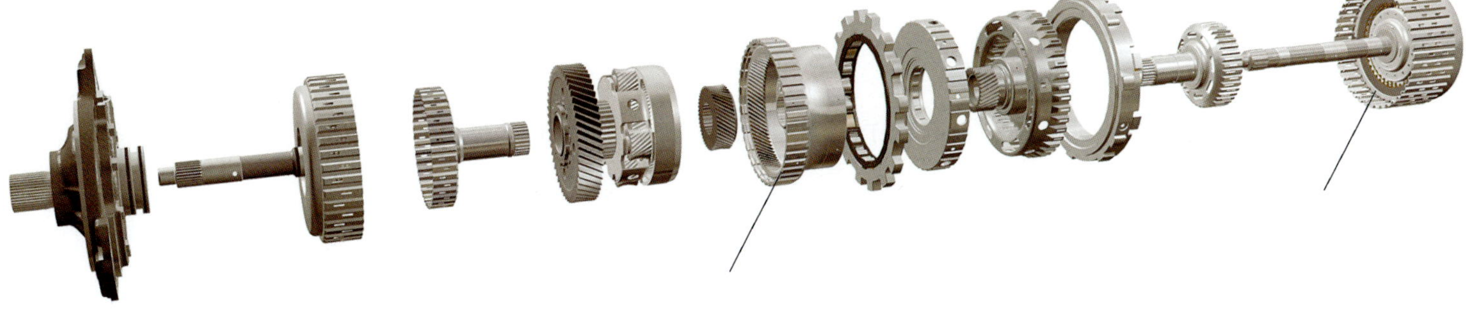

13. 填入主要部件名称

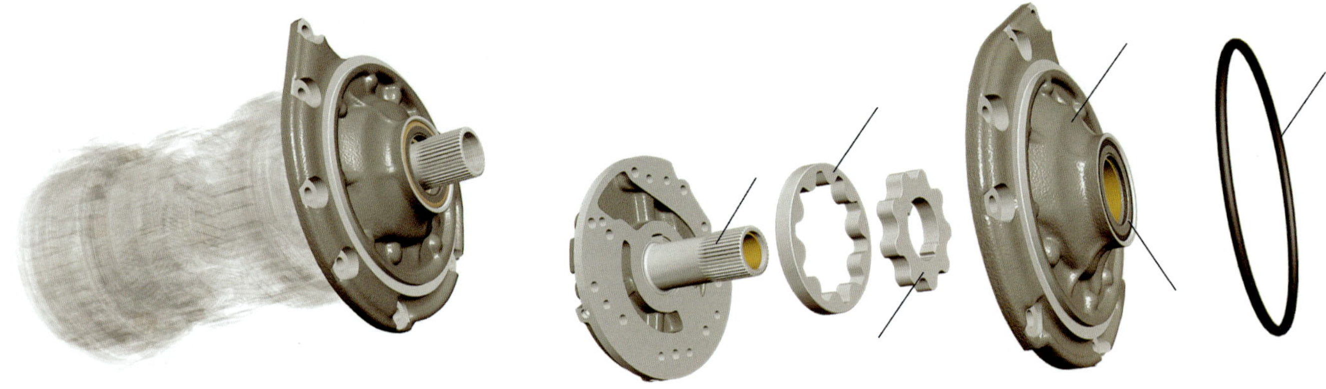

参考答案

一、不定项选择题：

1. A 2. ABD 3. ABCD 4. D 5. ABCD 6. B 7. C 8. B 9. A 10. C

二、判断题：

1. √ 2. × 3. × 4. √ 5. × 6. × 7. √ 8. × 9. × 10. √